Albert Zacher

Beiträge zum Lyoner Dialekt

Inauguraldissertation

Albert Zacher

Beiträge zum Lyoner Dialekt
Inauguraldissertation

ISBN/EAN: 9783743611573

Hergestellt in Europa, USA, Kanada, Australien, Japan

Cover: Foto ©ninafisch / pixelio.de

Manufactured and distributed by brebook publishing software
(www.brebook.com)

Albert Zacher

Beiträge zum Lyoner Dialekt

Beiträge zum Lyoner Dialekt.

Inaugural-Dissertation

zur

Erlangung der Doctorwürde

bei

der philosophischen Facultät

der Rheinischen Friedrich-Wilhelms-Universität zu Bonn

eingereicht und mit den beigefügten Thesen vertheidigt

am 14. Juni 1884, Mittags 12 Uhr

von

Albert Zacher

aus Bonn.

Opponenten:

Jos. Kehr, Dr. phil.
Theodor Pohl, cand. phil.
Emil Förster, Dr. des.

Bonn,

Universitäts-Buchdruckerei von Carl Georgi.

1884.

Meinen Geschwistern.

Einleitung.

Der Lyoner Dialekt ist bis jetzt noch nicht systematisch erforscht worden; was um so auffallender ist, als gerade die Kenntnis der östlichen Dialekte Frankreichs durch erschöpfende Untersuchungen in letzter Zeit gefördert worden ist. Vorliegende Arbeit hat nun den Zweck, aus allen bis jetzt bekannten und edirten Lyoner Urkunden, Material für eine spätere Darstellung dieses interessanten Zweiges der franko-provenzalischen Sprachgruppe zusammenzustellen; und so ist sie denn im wesentlichen nichts anderes, als eine Fortsetzung der bekannten Abhandlung von Hermann Flechtner: „Die Sprache des Alexanderfragments des Alberich von Besançon." Nachdem Konrad Müller im Anhange seiner Dissertation: „Die Assonanzen im Girart von Rossillon", Rom. Stud. III. Bd., die Heimat jenes Fragmentes als die Gegend von Lyon bezeichnet hatte, begründete Flechtner an der Hand bis dahin unbekannter Quellen diese Ansicht und gab damit zugleich die erste Darstellung der Laut- und Flexionsverhältnisse des Lyoner Dialektes — so weit dieselben sich aus dem Alexanderfragment und den Werken der Marguerite d'Oyn, welche Texte er seiner Dissertation zu Grunde legt, erkennen lassen. — Dass diese Texte aber nicht hinreichten, um eine erschöpfende Untersuchung der Lyoner Sprache zu ermöglichen, erkannte Flechtner selbst; denn er sprach den Wunsch aus, seine Ansicht möchte durch Hinzuziehung neuer Denkmäler und Urkunden befestigt werden.

die zweite Gruppe von Marg. d'Oyn, die mit MO. II. bezeichnet ist. Wie Cornu, Zschr. f. R. Ph. II. S. 606, und Flechtner S. 45 nachgewiesen haben, zerfällt nämlich Marg. d'Oyn's Buch in zwei Gruppen, in die Lyoner, welche die Seiten 36—78 und 90—93 umfasst, und in die französische, S. 78—90, in welcher sich französische Brieffragmente finden. Letztere enthalten nur vereinzelte Lyoner Formen, und diese wurden als Belegstellen der aus den übrigen Texten schon ermittelten Bildungen aufgeführt. — Ferner gehören dazu die Ueberschriften, die Estienne von Villeneuve bei seiner Sammlung der einzelnen Urkunden, sowohl den lateinischen, als auch den französischen vorsetzte, sie sind wertvoll, da jede Ueberschrift kurz den Inhalt der Urkunde angibt; leider überwiegt auch hier das französische Element. Sie fallen in die Zeit von 1336—1342. Bezeichnet sind dieselben in der Arbeit mit Cart. III. Zuletzt wurde noch benutzt der Einzugsbericht von Karl VI. in Lyon im Jahre 1389 (Cartulaire S. 369 ff.), der von einem Lyoner Bürger in fast ganz französischer Sprache geschrieben wurde. Bezeichnet ist er mit Cart. IV.

Wir erhielten demnach folgende chronologische Aufstellung:

Carc. 1225.
MO. I. 1286—1310.
   MO. II.
Cart. I. 1277—1315.
L. d. R. 1314—1344.
Cart. II. 1352. 1355. 1358.
Cart. III. 1336—1342.
Pol. I. 1373.
Cart. IV. 1389.
Alix. 1410.

Was den halb Lyoner und halb lateinischen Teil des Polyptique anbetrifft, so war derselbe von grosser Wichtigkeit, da sich dort alle aus den anderen Texten

ermittelte Bildungen (wenn auch in latinisirter Form) wie-
derfanden. Citirt wird er: Pol. II. Was nun die „Docu-
mens" angeht, so fallen die 14 Urkunden, die sich wirklich
als Lyoner bezeichnen lassen, in eine so späte Zeit, dass
sich kaum etwas speziell der Lyoner Sprache eigenthüm-
liches erhalten hat. Die einzige Urkunde, die wirklich
noch Lyoner Formen besitzt, S. 44, ist auch in dem Cartulaire von Guigne S. 456 abgedruckt. Trotzdem war mir
das Buch von grossem Nutzen zur Erklärung des oft schwie-
rigen Textes in den anderen Urkunden und zur Ermitte-
lung einzelner fremden Wörter.

Zur Charakterisirung meiner Arbeit füge ich hinzu,
dass ich versucht habe, so kurz, wie möglich, nur das
zusammenzutragen, was wirklich Eigenthümlichkeit des
Lyoner Dialekts ist, mit Ausschluss alles dessen, was sich
sonst im Gemeinfranzösischen findet. Der Arbeit fehlt daher manchmal das Abgerundete, aber es ist wenigstens
vermieden, dass Bekanntes wiederholt wurde.

Selbstverständlich musste bei der Darstellung dieses
Dialektes, der ja wie alle Dialekte der franko-provenzalischen Sprachgruppe, ein Mischdialekt ist, bei den einzelnen Entwickelungen darauf hingewiesen werden, ob sie
durch provenzalischen oder französischen Einfluss hervor-
gerufen wurden. Besonders wurden für das Französische
die östlichen Dialekte, Franche Comté und Burgund heran-
gezogen, wie sie dargestellt sind im Lyoner Yzopet, heraus-
gegeben von Foerster, und im Ezechiel, Altburgundische
Uebersetzung, edirt von K. Hoffmann; benutzt wurde dann
die „Lautlehre des Ezechiel" von Corssen 1883 und die
des Lotbringer Psalters von Apfelstädt 1881.

Zuletzt wurde noch der Waldensische Dialekt in Be-
tracht gezogen — und dies kann nicht auffallend erscheinen, da Petrus Waldus ja bekanntlich ein Lyoner Kauf-
mann war, und seine Bibelübersetzung auch in Lyon geschrieben hat — und zwar wurden dazu die beiden Auf-

sätze von Grützmacher zu Grunde gelegt: „Die waldensische Bibel und Sprache" in Herrig's Archiv XVI. Band
und Jahrbuch für Roman. Phil. IV. Band.

Dass sich endlich die ganze Arbeit auf Ascoli's epoche-
machende Abhandlung: „Schizzi franco provenzali." (Arch.
glott. III. Band) stützt, braucht, als selbstverständlich, nicht
hervorgehoben zu werden.

Was die Citirung im Laufe der Darstellung anbetrifft,
so bedeuten die grossen Ziffern immer die Seiten, und die
kleineren die Zeilenzahl.

I. Teil.

Lautlehre.

A. Vocalismus.

I. Der Vokal A in betonter Silbe.

1. In offener Silbe.

Wie im Provenzalischen bleibt a in offener Silbe stets
rein erhalten. Beispiele: Carc. sal 5_0. MO. I. tal 37_{21}
pare 39_{18} quar 40_{11} amares 44_{11} brasa 52_4 u. s. f. Hierhin
gehört auch gaz 75_{13}, das Flechtner nicht gekannt zu haben scheint, da er S. 67 Nr. 51 ein Fragezeichen dahinter
druckt. Es ist nichts anderes, als *vadus, vadoris, altfrz.
gues. Cart. I. bla 406_2 mar 407_3 u. s. f. L. d. R. mare
(mater) 17_4 compares 21_6. Cart. II. qual 464_{10} official 462_{10}.
Alix. pras 11_3 pare 12_{20}. Man vergleiche hiermit Pol. II.
pares 61_3 pra 72_7 comunal 72_7.

a bleibt ferner im Inf. der I. Conj. MO. I. racon-
tar 36_5 pensar 37_6 emendar 38_{20} u. s. f. Cart. I. ouvrar
420_{25} acordar 421_{30} alar 422_{37} u. s. f. L. d. R. ferar 30_{12}.

Cart. II. assemblar 457_3 ordenar 457_4 u. s. f. Alix. char-
bonar 11_{20} alar 11_{44}.

a bleibt ferner bei den Substantivis auf atem und
atum. MO. I. deita 37_{20} humanita 37_8 povreta 37_{24} u. s. f.
MO. II. gra (gratum) 80_{14}. L. d. R. volonta 17_7. Cart. II.
cita 457_{26}, ebendort unniversita. Ebenso bleibt a in den
Participien der I. Conj. auf atum. MO. I. elevas 43_6 ita
(statum) crea 44_6. Cart. I. salas 406_7 achata 407_{10} lia 407_{20}
tornas 409_1 u. f. L. d. R. fera (ferratus) 24_{15} fora (nfrz.
fourré) 23_{15}. Cart. II. acostuma 456_{20} governa 456_{32} passa
457_{17}. Pol. I. passas 209_{14}. Alix. planta 10_{22}.

Ausnahmen:

Die vorkommenden Ausnahmen sind auf franz. Einfluss zurückzuführen, indem sich mehreremale c^1 statt a
findet: MO. I. zeigt so mehreremale tres neben dem gewöhnlichen tras. Cart. I. findet sich schwankend canal 421_{10}
neben canel 421_{12}. Cart. I. zeigt passé 407_{30} und mecle
(misculatus) 419_4. Cart. II. parlet 456_{16} und parle 459_{13}.
Als einzige Ausnahme beim Inf. findet sich Cart. II donner
457_{38}. In Wörtern, wie teuplees MO. 37_7 espees 407_3
Cart. I. und montrees 423_6 ist dieses c statt des regelmässigen a als Einfluss der Pluralendung es zu erklären.
Gänzliche Ausnahme ist quiels - qualis Alix. 12_{40}. Auffallend ist, dass allen Urkunden die östliche Entwicklung
a zu $\acute{e}$i unbekannt ist, während der Einfluss der Nachbar-
dialekte auf den Lyoner sonst ziemlich bedeutend ist.

Eine eigene Behandlung zeigen die Fälle, die unter
das Bartsch'e Gesetz zu rechnen sind. Wir finden hier
dieselbe Entwicklung, die Ascoli in seinen Schizzi als ein
Criterium des Franco-provenzalischen aufstellt, und wie
sie sich auch im Dialekt von Grénoble (cf. Schizzi. Arch.
III. 81) findet.

a wird zu ie mit Ausnahme der Participia auf atum und der Substantive auf atem. Beispiele:

Der Inf. der I. Conj. zeigt nur Formen mit ier (iar kommt niemals vor). MO. ensennier 36_{20} deleitier 39_5 efforcier 51_{15} gaygnier 52_{20} laysier 65_{18} comencier 73_{16} u. s. f. Cart. I. changier 423_{11} taillier 423_{18}. Cart. II. conseillier 457_4 pleydier 457_{30} baillier 458_{22}. Alix. sonhier 16_9. Andre Beispiele sind MO. chiers 56_{14} chieri 60_{11}. Cart. I. chievres 419_{24}. Cart. II. chies (casa) 458_{10} chiez 464_{11}. Neben ie findet sich auch die Zusammenziehung zu e. Carc. chevra 10_{33}. Cart. I. chenevo (canabum) 407_8 chevres 409_2. L. d. R. chero ($\chi\alpha\varrho\alpha$) 27_{20}. Cart. II. ches 468_{10}.

a + primärem oder entwickelten i gibt, wie provenzalisch und franz. ai. Carc. metayl 7_2 (metalleum). MO. aigui 74_{15} faysiant 42_9 faire 45_4 verays 56_{14}. Cart. I. faire 408_{10} vair 420_{44}. L. d. R. pairi (paria) 30_4 Alix aygui 12_{12}. Diese ursprüngliche Entwicklung bleibt aber nicht; sondern ai geht durch die Mittelstufe ẹi zu ẹ hinüber. ẹi zeigen. Carc. eygui 5_4 MO. veit (vadit*) 41_{18}. Cart. II. feysiant 465_{13}; meis 467_{28}. ẹ zeigen: Cart. I. esga (-aigui, aqua) 406_{13} fere 420_{28}. L. d. R. mes = mais 28_{15} u. ö. Cart. II. fere 457_{19} mes ebendort. Cart. III. trere 8. Alix. vet 10_{24} fere 13_{41} mez (mais) 13_{41}. Besondre Beachtung verdient die 1. pers. futuri; dieselbe erscheint mit der Endung ai, ey u. oy. cf. MO. diray 37_{17} direy 36_{13} diroy 36_{18}. Mit der letzten Entwicklung zu oy vergleiche man MO. I. foy: facio 36_8 MO. II. 63_7.

a + m oder n.

Regel scheint hier Erhaltung des a zu sein, wie im Provenzalischen. Beispiele: MO. ámont = ámant 46_1 mans

---

*) Neben veit n. vet s. u. findet sich in Alix. auch öfter die Form vat z. Beispiel 11_{30} man vergl. franz. va.

(manus) 52_{10} 54_4. MO. II. 80_6 humans 62_{19} pan 67_{16} certanz 48_{11}. Cart. I. pau (panem) 408_4 u. ö. corduan 406_5 bazanes 406_5 lana, grana 406_5. L. d. R. chapelan 18_2. Tevenan 17_7. u. s. f. Cart. II. santz (sanus) 465_{19} semana 468_{18} soveran 465_{24}. (von demselben Worte gibts auch eine Bildung auf ïuus souverin Cart. II. 459_{22}).

ain statt an wie im Lyon. Yzop. zeigen MO. fayn 42_2 mayn 43_6 semayna 68_{21}. Cart. I. citain 409_6. Cart. II. prochain 458_{23}. Die Weiterentwicklung zu ein, wie im Ezechiel und Lothr. Psalter, zeigt. L. d. R. dereini 17_7 und Cart. II. citiein 458_{27}. Zu bemerken ist die Entwicklung von iánus durch iien zu ïn in L. d. R. 18_8 Sabatin (Sebastianus).

Das Suffix arius.

arius (im vulg. lat. ęrius) erscheint im Alex. fragm. als eyr, und diese Form zeigt noch volunteyrs MO. 46_{21}; sonst ist in unsern Texten dieses ey schon zu e übergegangen. Beispiele: Carc. premerement 5_9 corser (cursarius) 10_{15} MO. premer 58_6 u. o. escuers 74_7 u. s. f. Cart. I. peleters 407_{23} ebendort escofers, sellers, freners, drapers 407_{24} pancr 407_{37} coler (nfrz. collier) 408_9. L. d. R. noier (nucarium) 24_2 Genver (Januarius) 26_3. Cart. II. codurer 456_{28} (nfrz. couturier). Cart. III. correr 31 tioulers 204 (tēgularius) prisonners 233 u. s. f. man vergleiche damit Pol. II. foresters, bovers 9_{12}. Neben dieser Lyoner Form findet sich auch ziemlich oft die gemeinfranz. ier (yer). Carc. millier 6_{30} paniers 7_{38}. MO. primyer 41_{19} derrier 14_{19}. L. d. R. kennt kein ier. Cart. I. in der ersten Urkunde S. 406 ff. gibt es nur ein Beispiel: sestier 408_{20}. In der zweiten Urkunde und in Cart. II. ist es hingegen häufiger cf. Cart. I. milliers 420_4 veisseliers 420_6 denier 423_{27} u. ff. Cart. II. drapiers 456_{23} potiers 467_7 ff. Ebenso kommt die in Lehnwörtern gebräuchliche Form airo vor (airio, aire). MO. contrayrio 38_9 essemplayro 29_{23}

essemplayre 38_{20}. Cart. I. kennt keine solche Form. L. d. R. tersonairo 19_7 selairo 30_{15}. Cart. II. necessairo 467_{17} salairo 468_{29}. Nebenformen zu airo sind aro und ero cf. MO. leytuares 45_{16} vyares 51_{12}. Cart. II. necessaro 457_5, 467_{30} und salaro 458_{34}; ero zeigen necessero. Cart. II. $463_{11, 24}$ salero 464_7, 85. Was das Femininum betrifft, so erscheint dasselbe nur in der Form eri (wegen des nachtonigen i s. S. blok.). Carc. merceri 9_2 maneri 13_9. MO. maneri 37_{20} lumeri 40_{17} someri 74_3 u. s. f. Cart. I. u. L. d. R. kennen kein Beispiel. Cart. II. primeri 422_{39}. Alix. lumeneri 14_7. statt eri haben era. Alix. bruera 10_{31} tullera 10_{33} rivera 12_{10}. Man vergleiche damit Pol. II. vercheriam $4_{14, 20}$ 5_7 (vervicariam) blancheria 15_{12} brueri 61_{19} riperia 101_{23} *). ieri findet sich Cart. I. 419_4 in manieri. Alix. zeigt noch eine Entwicklung zu ir wo also ähnlich wie im Pikardischen ier zu ir zusammengezogen erscheint cf. rivira 10_{34} und entirement 12_{30}. man vergleiche damit escuir MO. 75_5.

Das Suffix aticum

wird in unserm Dialekt zu ajo. Beispiele: Carc. fromajo 82_3 u. ö. MO. yago (aetaticum) 50_2 damajo 53_3 lignajo 60_{17} u. s. w. Cart. I. piajo 406_1 (pedaticum) L. d. R. abergyago. (herbergaticum) viajo 29_{12}. Cart. II. bailliaje 455_{16} domajo 459_{12}. Daneben findet sich auch die franz. Form auf age fromage Cart. I. 419_{27} und Cart. II. balliage 462_9 domage 468_{40}. Die den östlichen Dialekten eigenthümliche Form aige fehlt in unsern Texten.

2. In geschlossener Silbe.

a bleibt, wie gemeinfranz. Beispiele unnöthig. Folgt

---

*) Die Formen peleteri 406_{10}. Cart. I. merceri 406_{18} ferner Cart. II. poteri 420_{35} pelleteri 420_{34} hateri 421_{36} etc. sind nicht von aria abzuleiten, sondern sind fertige Bildungen mit dem Suffix ia an Wörter, wie peleter, mercer.

ein i-haltiger Consonant auf a, so entsteht der Diphth ong ai cf.
MO. trayt 75_{21} fayt etc. Cart. I. fais (fascem) 420_{22} u. s. f.
Aber gerade wie bei ai in offener Silbe finden wir auch hier
die Weiterentwicklung zu çi; meitro MO. 46_{21} u. ö. oder
zu ç Cart. I. fetes 421_3 metro (maître) 420_7 und mestro
Cart. II. 456_{22} fretes (fractas) Cart. III. 112. Eine sehr
häufige Erscheinung unseres Dialekts ist der gänzliche
Ausfall des i haltigen Consonanten cf. Cart. II. fas. factos
456_{21} 462_{13} u. ö. und das Lehnwort al at 468_{20} (actum).

a + l + Cons. schwankt sehr in seiner Behandlung.
Wie im Lyoner Yzopet findet sich gänzlicher Ausfall des
l in MO atres 44_{11}. Cart. II. atros 457_{12} 464_{28}. Pol. I.
atresy 209_{20}. Dann au. MO. autre 41_{20} eternauz 46_4 com-
munauz 63_{20}. Cart. I. autra 406_4 chavauz 407_1. Etymo-
logische Schreibung zeigen Cart. I. salz 407_7 ospalla 408_{20}.
talx 422_{16} quintalx 422_{18} in den beiden letzten Fällen
findet man die falsche Orthographie mit l neben dem aus
l entstandenen u. L. d. R. kennt nur vokalisirtes l. cf.
aunes 24_4 chavaus 28_1. Cart. II. hat sogar die Form
outro 468_{34}. Von andren Vokalisirungen von u haltigen
Consonanten zeigt unser Dialekt neben der gemeinfranz.
von g zu u in soma (sagma) MO. 74_{21} und Cart. I. 420_{12},
emerauda L. d. R. 20_7 eine solche von p zu u in draus
(drappos). Cart. I. $406_{2,\ 4}$. (Auch dras kommt vor). Man
vergleiche damit die Form draups Carc. 5_{14}, wie jedenfalls statt dranps zu lesen ist. Bei a + n + Cons. finden
wir dieselben Lautstufen, wie bei a + n nämlich a, ei (aus
älterem ai) und e. Dies zeigen am besten die verschiedenen
Formen von sanctus. MO. Sant 69_{15}. Cart. I. 407_4. seinti
MO. 36_{15}. L. d. R. 19_5 27_6. sentz MO. 67_{25} und senti
L. d. R. 21_1. Hiermit vergleiche man etcing (stagnum)
Cart. I. 420_{34}. Auffallend ist, dass ch entgegen der altfranz.
Regel in zwei Fällen a in geschlossener Silbe zu e geschwächt hat cf. cheuz (chaux): Kalk Cart. I. 409_3 und
cher (carnem) statt char. MO. 66_{12}. Cart. I. 408_{14}; also

bei letzterem Worte dieselbe Entwicklung, die auch später im Nordfranz. eintrat.

II. Der Vokal A in unbetonter Silbe.

1. Nachtoniges a.

Eine Haupteigenthümlichkeit des Lyoner Dialekts, wie überhaupt aller franco-provenzalischer Dialekte, ist die Erhaltung des nachtonigen a nach provenzalischer Art. cf. Carc. terra 5_4 canella 6_{12} forma 8_{32}. MO. nostra 37_{19} alcuna 36_5 terra 36_6 u. s. f. Cart. I. autra 406_4 grana 406_5 lana 406_{12}. L. d. R. festa 17_2 dona 17_8 teila 24_4. Cart. II. dicta; villa mehrere Male. chapella 463_{11} contra 469_7. Die einzigen Beispiele in Cart. III. sind contra 333 garda 337. Villa nova ebendort. Cart. IV. kennt nur e nach franz. Art. Alix. dita 10_9 autra 10_{22}. Analogisch erhalten ebenso Feminina der III. Deklination dieses feminine a, ganz wie im Waldensischen, wo Feminina wie vergena, serventa, imagena, nobla, amabla gewöhnlich sind. Carc. voyanta 10_{10}. MO. nobla 46_5 perdurabla(ment) 46_7 virgina 49_2 feybla 50_{11} simpla(ment) 64_4 ymagena 64_5 delectabla 67_{24}. MO. II. durabla 82_3 sogar amaritudina MO. 41_9. Alix. seigla 13_6 radissas 13_6. Im Plural haben alle diese Feminina es. cf. MO. letres blanches 37_1 choses 40_{22} etc. Ebenso in allen andren Texten. Cart. I. besties groses 406_2 u. s. f. — Alix. zeigt neben regelmässigem es auch as cf. pras 12_8, teras 12_8 scriptas 12_{23}.

Statt des regelmässigen a findet sich auch vereinzelt, wahrscheinlich durch franz. Einfluss e. cf. MO. haine 39_7 enfes 63_{11}. Cart. I. ville 419_5 chievre 419_{23}. Cart. II. 459_{21}. Am häufigsten findet sich diese Schwächung des femininen e bei Adverbien und Praepositionen. cf. encores MO. 39_{18} u. Cart. II. 457_{24} entre MO. 43_{12} 50_1 und Cart. I. 408_{18}. L. d. R. 30_9 unques MO. 67_{15} ores Cart. II. 457_{17} contre 459_{19}. Dies ist wahrscheinlich so zu erklären, dass man das nachtonige a, welches sich im Volksbewusstsein als Zeichen des Femininums ausgebildet hatte, bei den Adverbien nicht verstand. Damit halte man zusammen, dass gemeinfranz. bei dieser Klasse von Adverbien feminines e meist fiel, wenn die Consonantengruppe kein Stützte e erforderte. cf. or, encor, sur etc.

Feminines a fiel ganz in MO. or 42_{12}. L. R. don (donna) 17_7 23_{12} mezur 28_8.

Zu bemerken ist, dass nachtoniges a sich sogar bei einzelnen Proparoxytonis gehalten hat. Cf. Carc. chanava 10_3. chenevo Cart. I. 407_8. Géneves Cart. I. 420_6. Ueber nachtoniges a in der Flexion siehe S. 53.

Besondre Beachtung verdienen die Fälle, wo dem nachtonigen a ein i oder ein iotacirter Consonant vorausgeht; die alle hier als i erscheinen. Ascoli in seinen Schizzi wies zuerst auf diese den franco-provenzalischen Dialekten eigenthümliche Endung hin; nach ihm ist der Verlauf der Entwicklung so zu denken, dass das nachtonige a nach dem i oder dem i haltigen Consonanten zu e wurde, und dass ähnlich, wie chicent und chargiee sich zu chient und chargie zusammenzogen, aus ia und und ie i wurde. Beispiele für ia sind die schon S. 14 genannten poteri, batteri, ferner in MO. II. conpaigni 81_9. Cart. I. Normendi 421_9 und Picardi ebendort. Dann findet es sich bei unbetontem ia, wenn dem i ein iotacirter Consonant vorausgeht; am häufigsten bei den Wörtern auf ، cia und ، tia.

MO. faci 37_7 44_4 graci 36_5 innocenti 37_6 patienci 38_1 concienci 38_4 sapienci 40_{30} torci 45_2 ff. MO. II. reverenci 79_2 destreci 81_6. Cart. I. pcci 407_{12} estimanci 420_8 Proviuci 420_{38}. L. d. R. grasi 23_{10}. Cart. II. puissanci 457_8 diligenci 458_8. Cart. III. ordenanci 162. ferner bei Wörtern, die ein g, s, ſ, ng vor dem ia haben: Carc. chargi $5_{14, 15}$

MO. clergi 69_{14} sagi 76_{21}. Cart. I. chargi 406_{11}. cortesi
MO. 36_9 iglyesi 57_{16}. Cart. I. esgleisi 408_6. L. d. R. simaizi (simasia) 24_{10}. Gualisi 29_{13}. 1: Carc. cordalli 5_{21}.
pollalli 8_{36} 10_{27}. ng: MO. montaygni 75_{12} compaigni (com-
pánia) 77_9. Cart. I. leygni (lígnea) 408_{29} Champaigni 421_9
Borgoigni 421_9. Dieselbe Entwicklung hat auch statt, wenn
der Endung ia kein i haltiger Consonant vorausgeht. Beispiele sind die Feminina mit dem Suffix aria, die, wie
schon S. 14 gesagt, alle eri gaben. Ferner noch: Carc.
marchandi 8_1 besti 9_{20} halbgelehrt ist copi (cópia) 11_6.
MO. maladi 45_{12} gloyri 51_6 oti (hostia) 65_{25}. Cart. I. besti
406_4 feri (feria) 408_{28} vendeymi (vindemia) 419_4. L. d. R.
feiri 29_6 pairi (paria) 30_4. Zu erwähnen ist noch play
MO. 52_{16} und MO. II. 89_4 gleichsam pláia aus plaga.

Die gleiche Behandlung erfahren alle Feminina der I.,
die einen iotacirten Consonant vor dem nachtonigen a
haben; a wurde durch Einfluss dieses Consonanten durch
die Mittelstufe e zu i cf. Carc. vacchi (vacca) 10_{28}. MO.
bocchi 40_{12} 67_{28} douci 39_{10} blanci 62_{17}; cunchi L. d. R.
24_5. lentili MO. 65_{25} (lenticula) vermeli, 63_8 furnilli Cart. I.
420_{12}. ferner nach ymagi 46_{20} MO. und mauvaysi MO. II.
79_{20}. Cart. I. coyssi (coxa) 408_{24}. Pol. I. Villafranchi
209_{30}. Durch falsche Analogie hing man später dieses i
auch an Wörter, deren Stamm ohne iotacirten Consonanten
auslautete. cf. MO. aygui 41_{24} u. öft. (cf. ayga 52_{18} einzige
Form mit a) hoyti (buxida) 54_{13} iri (ira) 71_{13} illi 36_{12} u. ö.
citi 36_{14} u. ö. scinti 36_{16} neyri (nigra) 54_{18} chieri 60_{11}.
Cart. I. illi 407_{17} cutri (culcitra) 408_{37} autri 420_1 ciri 422_{14}
faiti 423_3 coiti 423_{13}. (cocta). L. d. R. dereini (deretrana)
17_7. mi(ma) 17_7 si(sa) 19_{11} Sibili 19_{15} diomeini (dimanche)
21_1 siri (cera) 26_{18}. Cart. II. enjointi 459_{10} (injuncta).

Im Plural haben diese Wörter alle regelmässig, wie
die andren Feminina es. cf. MO. domonstrances 62_8 ma-
neres 70_8 montaygnes 75_9 ebenso in den übrigen Texten.

Ausnahmen: Statt i finden sich MO. prevundia 69_{24}
und largia ebendort. Franz. e statt i findet sich in MO.
force 54_{14} place 57_{21} feblece 56_{11}.

Nachtoniges a fiel bei den Wörtern auf ata. ana
(asinata). Cart. I. 406_{20} u. ö. colla (colata). Carc. 11_5 und
cola Cart. I. 407_6, intra (intrata). Cart. I. $419_{16, 20}$. Es
läge sehr nahe, bei den Wörtern ana, cola an eine Ab-
leitung von hanapus und colapus zu denken. Doch sprechen
die Formen asinata bei Du Cange und Pol. II. ferner as-
nées 30_{18} in den „Documents pour servir à l'histoire de
Lyon" entschieden für asinata. Was cola anbetrifft, so ist
dieses Wort aus dem Waldensischen bekannt. cf. Grüz-
macher Jahrbuch IV 375 und Herrig Arch. XVI. 373. Die
Entwicklung von ata, provz=ada zu a ist in diesem Dialekte
sehr gewöhnlich, man vergleiche gauta (gautada) contra
(contrada). Auch intra ist im Waldensischen zu finden.
Daneben bemerke man die Form à l'entri Cart. I. 421_6.

2. Vortoniges a.

Geht vortoniges a der betonten Silbe unmittelbar
voraus, so bleibt es erhalten, wie im gemeinfranz., wofern
keine i oder u haltigen Consonanten störend einwirken.
Ausnahmen siehe S. 22. Besondre Beachtung hingegen
verlangen die Fälle, wo a sich zwischen Haupt und Nebenton befindet. Nach dem Darmsteter'schen Gesetz. Rom. V.
bleibt vortoniges a in dieser Stellung stets als Silbe gewahrt, während alle andren Vokale fallen. Auch hier ist
a als Silbe geblieben, und zwar, wie im provenzal. als
reines a, entsprechend dem erhaltenen nachtonigen a. Die
Fälle, wo sich e findet, sind französisch. MO. embrassa-
mentz 41_7 miravillos 42_{20}. Cart. I. und L. d. R. zeigen
kein Beispiel. Cart. II. commandameut 457_3 panatier
466_{32}. Dann auch bei den Adverbiis, wo a sich um so
leichter hielt, als im Gefühle des Volkes ein Adverbium

noch als ein Compositum aus zwei Wörtern erkannt wurde. cf. MO. soulament 39_4 perfaytament 42_{11} clarament 44_2. Cart. II. autrament 458_{14}. Im Futurum und Conditionnel der I. Conj. hat sich ebenfalls a erhalten. MO. trovareis 60_{16} agostarént 45_{17}. Cart. I. trovara 408_{21} entrara 419_7. e statt a zeigen MO. conterai 40_{10} durerai 41_{21} u. s. f. Cart. I. entrerant 419_1 paiera 419_6 u. s. f. L. d. R. Quatelina 20_2 Moudeleina 25_{14}. Cart. II. comandement 458_{22}. semblera 457_{30}.

Nach i-haltigen Consonanten, findet sich entsprechend der Entwicklung des nachtonigen a, i cf. MO. espanchiment 39_2 comenciment 39_{21} 50_3 mengiront (mangeront 41_{25} largiment 45_{16} embraciment 51_{10} ensenniment 65_6 parchimin 64_6 pechior 72_{23}. MO. II. layssirit 90_2. Cart. I. franchiment 423_2. Cart. II. jugiment 463_{85}. In zwei Wörtern findet sich ie (ia) in i zusammengezogen. cf. MO. edifiment 49_{10} (neben edifyament 50_{20}) und ebaymens 43_{20}. Aus Analogie angebildet finden sich die Formen perfaytiment MO. 42_{12} und sairiment. Cart. I. 422_{20}. Durch Einwirkung des Hiatus scheint i in citiein (civitatanus) entstanden zu sein. In diligyament MO. 57_{22} 61_{11} und MO. II. ist y wohl nur als orthographisches Zeichen zu fassen, ähnlich wie in abergyajo L. d. R. 27_{20} (herbergaticum).

In einigen Fällen ist a zwischen Haupt- und Nebenton gegen die Regel gefallen, so z. Beispiel in mirors MO. 40_8 44_2 neben mircour 46_{12} mervillos 47_1 Salvour 60_{18}. Cart. I. ovrour 407_{23} citain 409_{16} marchanz 419_3 borlier 422_{20} (bourrelier) paira 420_{30} (paiera). L. d. R. pregurs (praedicatores) 18_4 sirors (cēratores 18_{19}). Cart. II. pechours 464_{24} conseillours 456_{18}.

Vortoniges a nach č (ch).

Im Gemeinfranz. existirt für vortoniges a nach ch die Regel, dass a in lateinisch geschlossener Silbe bleibt,

in offener aber zu e wird; mit Ausnahme vor l und r.
Das erste findet sich auch hier. MO. chantar 41_{15} char-
retes 75_{13}. Cart. I. chataignes 408_{38}. L. d. R. chapelan
18_2 chandeiles 26_{20}. Ebenso bleibt a in offener Silbe vor
l und r. Chalendes MO. 64_{18} charita 42_{11}. Daneben findet
sich MO. als Ausnahme cheritousa 50_8 und cheritousament
51_{24}. — In offener Silbe ist, wie im Provenz. a die häufigste
Form: MO. 58_6 chavon. (Ein analog nach ber, baron ge-
bildeter obl. casus zu chef = Ende. Diese Form findet sich
nur im Osten). chavalier 90_{20}. Cart. I. chavauz 407_1
chavrotines ebendort. L. d. R. chaval 28_1. Alix. chami
10_{15} u. ö. Pol. II. chavaleri 104_7. Vereinzelt findet sich
auch che. cf. chevalier MO. 90_{18} und die Steigerung des
e zu i durch Einfluss des č. Carc. chivaus 10_{14}. MO.
chivalyers 91_3. Cart. I. chivrotins 406_{10} chival 409_2. L. d.
R. chivrors 23_{16}. Ebenso wie ch verhält sich ǵ. cf. gesir
MO. 61_{16}. L. d. R. gelines 25_7; giroflos 422_{11} Cart. I.
Alix. jalina 65_{20}.

Vortoniges a + i -Element

zeigt dieselbe Entwicklung, wie bei betonter Silbe.
ai geht durch die Mittelstufe ẹi zu ẹ über. Beispiele für
ai: MO. perfaytament 42_{10} faisanz 56_{23} traysiront 59_{25}
playra 77_{21}. Cart. I. afaytia 406_{10} maisel (macellum) 406_{27}
aigniel 419_{26}. L. d. R. plaizir 21_{13} u. s. f. ẹy zeigen: MO.
feyseit 51_{23} abeyssier 74_{16}. Cart. I. leytent 419_{22} meyson-
nar 420_{25} veisseliers 420_{25} leisseront 423_1 leytice = laitisse.
Cart. II. 456_{30} pleira 457_5; pleidier 457_{30} einsi 458_{35} sei-
riment 465_{12}. Cart. III. veyssiaux 120. ationem schwankt
zwischen ayson und eyson, andre Formen gibts nicht.
MO. kennt nur eyson. reyson 36_{12} 76_{23} meyson 73_6 73_{11}
oreyson 40_2. Cart. I. mayson 407_{16} und raison 421_{24} u. s. f.
e statt ey findet man: MO. essi 39_7 und ensi 46_9. Cart. I.
plera 422_{37}. Cart. II. ferant 456_{16}. Vereinzelt findet sich
i: MO. yssi 56_{23} insi 58_{14} etc. Wie im Lyon. Yz., der die

Neigung hat, vortoniges i zu unterdrücken, findet sich auch hier oft a statt ai. MO. faroyt 47_{12} faseyt 51_8 facant 57_{16} farit 65_{17} hassyet 75_{16} Cart. II. farant 466_{20} fasant 465_{25} 469_{12}.

Vortoniges a + u -Element (1 u. v).

Auch hier wiederholen sich dieselben Fälle, wie bei betontem a. Es wechseln al, au, ou und a mit einander. MO. alcuna 36_5 u. ö. Salvour 60_{18} etc. Cart. II commualment 457_{11} fealment 457_{12} u. s. w. au zeigen sauta (salvitatem) MO. 45_{11}. Cart. I. aussi 407_{26} sauners 408_{15}. L. d. R. Bauduin 22_{11}. Cart. II. sauners 462_{18}. Die Form mit ausgefallenem 1 oder v ist in MO. entsprechend der Entwicklung im Lyon. Yzop. die häufigste. Cf. acuns 36_6 assi 36_8 40_4 u. ö. arént = auront 42_2 sarit = saurait 70_{27} etc. Cart. I. atretant 408_{27} ara = avra 419_{18} arant 422_{36}. Cart. II. acon (aucun) 464_{28} u. s. f. Aehnlich ist ursprüngliches au in L. d. R. behandelt, cf. Agutin 18_6 = Augustini.

ou statt au findet sich MO. fouceta 38_5 (falsitatem) und outar 55_5, ebenso L. d. R. 19_5. Die gleiche Entwicklung zeigt primäres au in clonsures. Cart. II. 459_8 468_{31} neben closures 419_1. Hierhin gehört auch Moudeleina L. d. R. 25_4, wie wohl zu lesen ist, anstatt Mondeleina (Magdalena).

Ausnahmen zu vortonigem a.

a wurde zu e in offener Silbe vor 1 in selairo L. d. R. 30_{15}, während doch sonst 1 a in offener Silbe zu halten pflegt. Ferner wurde es zu e vor einfachem n, das auch im Lyon. Yz. vorkommt; cf. MO. meneri 66_4. Cart. I. beniers (banarius) 420_{26}. In geschlossener Silbe wurde a zu e vor r, wie im Lyon. Yz.; man vergleiche dort die Beispiele berbu, pertir, mertire u. s. w. Cart. I. hermines 421_1. L. d. R. Bertolomeus 22_{12} ermin 27_{15} Girerdins 29_9. Cart. II. berbiers 456_{29}; ferner findet man e vor n + Cons,

eine Entwicklung, der man auch im Provenz. begegnet.
Cf. menjar. Beispiele: MO. menjier 67_{16} 68_8. MO. II. 82_{17}
mengiront 41_{25}. Cart. I. Normendie 421_9 Besenczon 422_{24}.
L. d. R. Genver 26_4. Vereinzelt ist assevoir Alix. 12_{25}.
Nach frz. Art wird a zu o in domajo 459_{12} neben damajo
465_{14}. Vortoniges a im sekundären Hiatus fällt durch Contraction in MO. solar = satulare 44_7 und ot 20_{12} = Augustus.
Erhalten blieb es in poür (pavorium) MO. 51_9, wo es aber
durch die Labialis v zu o verdumpft wurde (neben paur
66_0), gleiche Verdumpfung zeigen oüs = eüs MO. 77_{17}; cf.
MO. II. sou (saputum) 83_{24}. Ausnahme ist expavantare,
da hier sich die provenz. Form erhielt in espavantament
MO. 53_{14}. Hiermit vergleiche man Cart. III. avrir 125
statt ouvrir. Zu bemerken ist noch die Form davant, also
die provenz. Form, anstatt des franz. devant, dass in unsern Texten gar nicht vorkommt. Vereinzelt ist Nua L. d. R.
28_{17} entstanden aus Natalem durch die Mittelstufe noal.

III. Ẹ in betonter Silbe.

1. Offenes ẹ in offener Silbe.

Unser Dialekt scheint zu den nicht diphthongirenden
zu gehören, denn die undiphthongirten Formen überwiegen,
man vergleiche damit die Entwicklung des Suffixes (arius)
ẹrius, wo ja auch er überwiegt.

ẹ haben: MO. Deus 36_3 ben 38_3 47_3 seglo 39_{10} cel
(caelum) 39_{20} eret und erant (die einzigen Formen, unser
Text kennt kein iere) pera 59_{16} secho 66_5 (sedium). Cart. I.
leve 406_1 peci 407_{12} Pero 408_{11} nebles 408_{23} seglo 419_3
pera 423_{16} bevro (neufrz. bievre) 422_{20}; ferner fẹres 408_7
(durch Ablaut aus fẹrias entstanden).

ie nach franz. Art zeigen: MO. bien 38_5 ciel 39_{15}
pies 43_{16}. Cart. I. miel 406_{15} pieci $421_{14, 16}$ u. ö. piera
423_{18}. Cart. II. requierent 457_{12} viel - vetulus 463_3.

Ie erscheint in i contrahirt in Diu: MO. 68_{19} 77_{18}
MO. II. 85_4.

ę + I.

Eine Haupteigenthümlichkeit des Lyoner Dialekts, die sich auch in provenzalischen Dialekten vorfindet, besteht darin, dass das i Diphthongirung des ę bewirkt. Dies beweisen Formen, wie espiesses (spĕcies). Carc. 10_{23} MO. liere - lĕgere 38_4 iglyesi 57_{16}. Cart. I. Nisies (Nicĕtius) 407_{26}. Cart. II. esgliesi 456_{10} esliere 464_{34} 468_{21} Nisies 466_{24}. Daneben findet man auch häufig undiphthongirte Formen, wo i also spurlos schwand, cf. MO. medis (midi) 67_3. L. d. R. dime = dimĕdius 24_{10}, 27_6. Cart. II. esglesi 462_{11} Nises 462_{12}. Alix. medi 10_{25}. Die spezifisch östliche Form ęi zeigen: Cart. I. esglęisi 408_6. Alix. meidi 62_{18} und Pol. II. demei = dimĕdium. Französisch sind Cart. I. eglisi 419_3 epices 419_4 evangile Cart. II. 458_{24}.

ę + n.

N scheint in unserm Dialekte den Zug gehabt zu haben, den vorhergehenden Vokal, wie im Provenzalischen, geschlossen zu machen, ein Zug, der für ęn als gemeinfrz. bekannt ist. Hierfür sprechen die vielen Fälle ęn = in. cf. Carc. 15_5 tignent = tĕnent. MO. bin 40_{20} neben beyn 38_{18} 39_{22}. Cart. I. vinont 406_9 408_9 vin = venit 407_{11} neben ren (rien) 419_7. Cart. II. kennt bein 465_{20} retinre 457_{15} tignant 464_4 vinant 467_{15} avignent 464_{39}. Pol. I. tinont 210_3. Alix. vinont 11_{13} tin = tĕnet 11_{31} vint 11_{25} (vĕnit).

2. ę in geschlossener Silbe.

ę in geschlossener Silbe bleibt, wie im übrigen Franz. Beispiele unnöthig. Zu bemerken ist nur, dass tertius immer als terz erscheint, und nur vereinzelt nach frz. Art diphthongirt Cart. I. 423_{22} und tierses Alix. 13_2.

ę + ct hat zwei Entwicklungen: MO. leit 62_4 und liet 53_{15} und MO. II. 80_5 = lectum u. s. f. confit L. d. R. 26_{15} ist französisch. — Zu bemerken ist noch neben dem regelmässigen Guillermes in L. d. R. das frz. Guillames 22_{11};

ferner noch tempus, das stets in der Form teins erscheint
MO. 50_{25}. Nähere Betrachtung verlangt das Suffix ellum.
Die Lyoner Entwicklung ist, dass l vokalisirt, und so der
Diphthōng eu entsteht. cf. Carc. noyex 7_{14} vcysselx 8_{18}.
MO. meseuz 37_9 fermeus 37_{11} beuz 44_{21} ruysseux 75_{11}.
Cart. I. Micheuz 409_5 pontrex 407_1. L. d. R. anex 20_3 25_1
etivex (*stivellus) 30_4. Ausfall des l zeigen MO. porcez
47_{11} clavez 71_{21}. Vereinzelt finden sich Formen mit eau,
die auf fremden Einfluss (Burgund, Franche Comté) zurückzuführen sind. MO. beauz 40_8. Cart. I. noyaux 420_9 aig-
naux 421_8. Cart. II. seiaus 464_{11} seaus 468_{10} neben seelz
458_{10}. ellum allein gibt regelmässig el. Die Formen aig-
nieux Carc. 10_{32}, aigniel Cart. I. 419_{26} und Michiel 420_8
sind durch Einfluss des ng und č entstanden.

cu aus e + v wird zu ei in leida = leude altfrz. =
lévitus Cart. I. 408_{32}.

IV. Geschlossenes e (ę) in betonter Silbe.

1. ę in offener Silbe.

ę wird, wie im übrigen Franz. zu ei; nur bleibt dieses ei als solches bestehen, ohne die dem Osten eigenthümliche Weiterentwicklung zu oi mitzumachen. Beispiele:
Carc. teyles 5_{18} teyses (toise nfrz.) 8_{13} feya (fēda) 10_{31}.
MO. crey 36_{12} 47_1 veyt (videt) 43_{12} corteis 44_{12} deceivre
51_6 aveir 64_{16} fey 71_{17} saveir 73_1 u. s. f. Cart. I. seya
407_9 deit 407_{14} seir 408_{18} teiles 422_4 feyes (fēdas) 409_2
veyro (vitrum) 421_{24}. L. d. R. quareima 21_3 meis 21_2
(mensem) chandeiles 26_{18} arseir (heri sērum) 27_8 peis
(pensum) 28_{16}. Cart. II. quey (quid) 458_9 deyvent 459_{15}.
Pol. I. treys (trēs) 209_{11} meys 209_{12}. Vereinzelt findet
man durch Einfluss der Nachbargebiete (Fr. Comté, Lyon.
Yz.) oi; so MO. croy 47_7 consoil 66_{19}. L. d. R. tournois 30_3.
Cart. II. doivent 458_6. Häufig findet sich auch bloss e,
und es ist zweifelhaft, ob hier überhaupt nicht diphthon-

girt wnrde, oder ob e ans ei entstanden, wie obcn a ans ai?
Cart. I. teles 422_5 Cart. II. devant 464_{21}. — i aus c zeigt
assi = ad se MO. 63_{15} wie provenzalisch (danebcn assey 41_6.);
ferner Cart. I. syu (sēbum sēv sēu siu) und tioles 423_5
(tēgulas.)

ẹ + J.

ẹ + c oder g = ẹi MO. neyr 37_1 freyt 47_7 etc.

Das Suffix itia in MO. ist regelmässig, wie gemeinfrz.
gebildet, es lautet eci (ganz entsprechend dem frz. esse).
cf. auteci (altitia) 69_{24} feblece 56_{11} u. s. f. Cart. l. zeigt
francheises 408_{34}. Daneben frz. Form franchises 437_{32}. —
Zu bemerken ist die Steigerung des ẹ zu i, wenn ein i
haltiges č oder ġ dem ẹ vorausgeht; so MO. engins 54_9
ancis (anceis) 73_{23}. Cart. I. ciri 422_{14}. Cart. II. recivre
463_{18} 467_{24}. Alix. resivre 68_{25}.

ẹ + N.

Auch hier finden wir nicht die dem Osten (cf. L.
Yzop.) gewöhnliche Form oin, sondern nur ein. Carc.
aveyna 7_{23} dozeyna 8_{34}. MO. plein 41_{24} seins 41_{21}. Cart. I.
meinont 407_{19} fein 422_{18}. L. d. R. etreina 27_{10} aveina 28_9
u. s. f. Daneben findet sich auch e. Carc. sen 5_7 (sĭne)
MO. plen 38_5 plenes 58_2 sens 58_1. Cart. I. arena 423_{22}.
Alix. fen (fēnum) 13_9 avena 13_{18}. Cart. II. zeigt franz. an
sanz 459_{21} und plan 467_{36}. Ein Beispiel für die bekannte
Erhöhung des ẹ vor n zu i haben wir Carc. raysins 6_{24},
ebenso Cart. I. 458_{35} und in MO. 64_6 parchimin. Flechtner
scheint diese Vokalsteigerung durch n unbekannt zu sein,
denn er sieht S. 18 in dem i von parchimin die griechi-
sche Aussprache des zu Grunde liegenden η.

2. Ẹ in geschlossener Silbe

bleibt, wie bekannt. Beispiele unnöthig. ẹ + i -Element
gibt ei. MO. dreites 47_1 estreyt 75_{20} etc. Cart. I. seyno

(signum) 407_{24} leigni 408_{30} daneben ligni 420_{17} (lignea). Cart. II. drey 457_{30}. Daneben findet man einfaches e in MO. drez 60_4 ebenso Cart. II. dres 463_{37} 468_3. Ein Beispiel von der östlichen Entwicklung ẹ zu a (cf. Lyon. Yzop.) findet sich nicht. — ẹ + n + Cons. gibt ebenfalls ei. MO. II. teindres 80_5. L. d. R. despeins 30_{29} ebenso Cart. II. 457_{39} conseintent 469_{11}. Alix. dedeins 13_4. e zeigen dedens MO. 40_{10} mens (minus) 42_3. Cart. I. Provenci 421_{15}. Cart. II. despens 458_6. i statt e haben. MO. dedins 40_8 sintont 41_{18} dins - dentes 59_{11}. Das Suffix entum ist stets, wie im Provenzalischen ent, und nicht nasalirt. Erst in Cart. III. finden sich franz. Formen, wie parlemant 25_1 comant 6 u. s w.

V. Ẹ und Ẹ vortonig.

Alles, was bei vortonigem a gesagt wird, passt auch hier. e bleibt, falls keine i- oder u-haltigen Consonanten störend einwirken. Vortoniges e + i-Element gibt ei. Carc. seignia 9_5. MO. deleitier 39_5 leytnares (electuarium) 45_{16} etc. Cart. I. veytura 423_4. ferner deis = deex. heute dès mehrere Male. Cart. II. profeitablo 467_{16} eyqui (eccum hic) 467_7 icare gibt ebenfalls eier. MO. despleyer 58_3 otreyet 61_3 maneyet 91_5. Cart. I. pleiés 422_{11}. L. d. R. utreiet 23_6. vereinzelt sind die franz. Formen. Cart. I. croitera 419_9. Cart. II. apleydoyer 463_{34} loyalment 467_{21}. Jeder vortonige Diphthong ist aber im gemeinfranz. womöglich vermieden, und so finden wir denn auch hier e statt ei und in den franz. Formen o statt oi. MO. preeri 57_{16} (precaria) preet 61_4 Cart. II. apleyde-er 463_{40}. für o : Cart. II. purvoors 456_{21} = pourvoyours. MO. 41_{34} findet sich die auffällige Form enoer (enotare oder enoier = enocare?) Das letztere wäre auffallend, da MO. keinen Diphthong oi kennt. Nach i-haltigen Consonanten, oder unter dem Einflusse eines nachtonigen i, findet sich sehr häufig ursprüngliches ei zu i monophthongirt. Carc. gitar 8_{18}.

MO. gitavont 37_7 gitavet 50_{15} gisir 70_6 ferner aparissant 63_{17} dignat 66_{18} ferner mesprisies 38_8 mervillos 42_{20} piririt 74_{23}. Cart. II. convignablos 458_{33} 459_4. Cart. III. mervillos 130. Vereinzelt findet sich nach gemeinfranz. Art i statt ei. MO. issit 41_4 issir 45_7 nient 41_4 ygliesi 90_6. Cart. I. icist 408_{13}. Cart. II. iqui mehrere Male und profitablo 457_7.

Vortoniges e + n.

Meistens bleibt e bestehen. Beispiele unnöthig. Ein im Gemeinfranz. vorkommender Uebergang von e zu a vor einfachem n finden sich nicht. Dem Dialekte eigenthümlich ist aber die Erhöhung des vortonigen e zu i cf. MO. sustinir 51_7 und 77_6 tineant 59_7 retinir 69_6 aviniment 69_9; (meynenz 74_2 kann nur durch Analogie der betonten Formen erklärt werden).

Vortoniges e + n + Cons.

bleibt wie gemeinfranz. cf. MO. menconges 38_6 Cart. I. vendeymi 419_8. an findet sich nur in dem Worte resplandour MO. 59_6 63_3 neben resplendenz 63_1. Dagegen findet man häufig die Erhöhung zu in + Cons. cf. Carc. lintilies (lenticula) MO. convindra 45_{22} essimplayro 39_{23} sintievet 52_6 convindrit 47_2. Cart. II. appartindra 457_{16} 463_{10}. Bemerkenswerth ist die Form deintes = dignitates Cart. I. 408_{14} u. öfter, die wahrscheinlich franz. ist.

Vortoniges e vor l und r.

e + l + Cons. gibt hier, nach Vokalisirung des l, eu. cf. beuta MO. 41_{13} u. s. f. MO. 74_7 findet sich nach franz. Art Dalphin. Vor einfachem r finden sich neben dem regelmässigen e, wie MO. verey 51_{11} auch a z. Beispiel varai 40_{20} sariont (seraient) 44_{11}. Cart. I. arenz= herings 420_4. ebenso häufig findet sich a vor gedecktem r. marchia (mercatus) 406_{27} marchanz 419_3 neben merceri

406_{16} und öfter. L. d. R. garlandes 20_{11} sarpent 25_2 arseir 26_{18} (heri serum) abergyago (mit ausgefallnem r) 27_{20}. Cart. II. abergeours 462_{21} neben herbergeours 456_{29}.

Zu bemerken ist, dass die Praeposition per, ebenso wie im Ezechiel, immer nur mit e erscheint. Nur einmal steht franz. par Cart. II. 456_{34}. i vor r findet sich in folgenden Beispielen: MO. quirir 56_2 92_{16}. L. d. R. sirventa (servante 27_2 chapiron (chaperon) 30_8.

Vortoniges e im Hiatus

bleibt gewöhnlich erhalten MO. receu, veu 40_6 leament 90_2 cajo 53_{20} (actaticum). Daneben findet sich i Carc. piage 5,5. MO. briament 36_8 yajo 50_2. Cart. I. piajo 406_1. Auffallenderweise ist einigemale e als betont behandelt; denn es erscheint diphthongirt Cart. II. 464_{24} eslieus (exlegutus) 465_{12}. Dieser lästige Triphthong ieu erscheint dadurch, dass i den Ton auf sich zog, wie im Provenzalischen, vereinfacht zu 'iu cf. MO. recyu 66_{21} und viu 92_4. e im Hiatus fiel durch Contraction in beneyt (beneeyt) MO. 37_4 49_5. Cart. I. melli = meeli 406_{27} 407_{22} vel = veel 419_{22}. L. d. R. velli = vigilia 21_7.

Willkürliche Veränderungen zeigen MO. 71_{10} paschaur (peccatores) und Avangelo 47_{25} cf. Cart. I. avangelista 409_4 avangelos Cart. II. 464_{25}. L. d. R. Sabatin (Sebastianus); liegt hier vielleicht Assimilation an das zweite a vor? Hiermit vergleiche man o statt e MO. 72_6 Domonstrances ebenso MO. II. 78_2 forsonet (forcenet). Cart. III. amodorer 113. Vereinzelt sind die Formen pitites Cart. II. 464_{39} und Cart. III. 113 sagont = secundus. — Betreffend e vor s impur., so findet man Schwanken zwischen e und i. Letzteres besonders in den Formen des Verbums essere. Also yta = été ytiet = était ebenso ytant u. s. f. e fiel aus in L. d. R. 26_4 quarlata. Zum Schlusse sei bemerkt, dass et „und" einmal in MO. als ey vorkommt in ey cil 59_7 und daneben

öfters als y zum Beispiel 50_{18} — Was nachtoniges e anbetrifft, so ist dasselbe immer gefallen, einige Wörter ausgenommen, wo es, wie im Provenz. geblieben ist cf. Carc.
homen 11_{31}. MO. ordens $4I_{18}$ ordenos 73_{16} homenz 76_9.
ferner Cart. I. $407_{36, 37}$ $420_{25, 27}$ *) termen. Cart. II. 457_5.

VI. Betontes ǫ.
1. ǫ in offener Silbe.

Gerade, wie bei ę überwiegt hier die nicht diphthon-
girte Form cf. MO. ovres 68_8 vout (volit) 46_2. Cart. I.
novo 406_2 bos 406_{23} (boves) poent 421_{30} volunt 423_{12}.
Cart. II. volent 456_{19} noves 457_{35} povent 458_{35}. Alix. mo-
vent 11_{40} jodi 13_6. Es finden sich daneben diphthougirte
Formen mit uo. MO. puot 46_2 (daneben pǫt 42_8 45_{10} das
jedenfalls sekundär aus puǫ́t abzuleiten ist, weil die diph-
thongirten Formen häufiger sind, ebenso wäre mǫt 11_{31}.
Alix. zu erklären). ferner cuor (cor) 43_{19} 47_{23} cuors (chórus)
$58_{19, 22}$ etc. Cart. II. puobles 456_{19}. Dann findet sich
auch die französische Diphthongirung zu ue. Cart. I. ruello
409_6 (rotulus). L. d. R. suers 21_9. Cart. II. puebles 462_{11}
466_{32}. Cart. III. puet 8. Villenueve 24. vuet 97. Späteres
eu findet sich nur in ecoyreux. Cart. I. 421_5. L. d. R.
lenseuz 23_{14} (linteolum) und Cart. III. veut 34.

Auffallend ist die Behandlung des Cas. obl. von lǫcus
und fǫcus. Der Nominativ ist lues und fues in MO. Der
Akkusativ lautet aber lua MO. 40_{16} 43_{17} 73_8 u. ö.; ebenso
fua 51_{25} 52_1 MO. II. 81_8. lue zeigen Carc. 5_4 MO. II.

---

*) Guigue druckt mehreremale homeuz, was sinnlos ist. Eben-
so ist zu verbessern Cart. I. 421_8 permes und pernes 422_{30} in pen-
nes, wie der Sinn strenge fordert. Ferner ist statt teudaux 422_{19}
zu setzen cendaux. L. d. R. statt quai 21_{24} lies qual. statt Mondeleina Moudalena. Cart. II. 468_{31} und 467_{33} ist zu lesen deys ades
statt deys a des. ferner statt a latz al atz = ad illum actum 464_{40}
468_{25}. Statt poyent 464_{40} 465_{18} ist vielleicht povent zu lesen.
Cart. III. 369_{24} creneaux für cremaux.

88_8 und Cart. III. 162. Das franz. lieus haben Cart. I. 421_{10}. Cart. III. 107.

ǫ + I.

gibt ǫi. Carc. oilo 7_8. MO. joy. gaudium $41_{10, \; 15}$ avoy (avoc) 42_{13} noyre (Nǫcere) 56_{11} ployves = plǫvias (durch Ablaut aus plŭvias entstanden) 75_{10}. voil-(volio) 49_{10} gloiri 51_6 moyres (mǫrias) 56_3 hoys (ostium) 78_1. Cart. I. oylo 406_5 coire (cǫquere 428_{16}). L. d. R. Pipoio (Epipǫdius). Zu bemerken ist MO. II. 88_{10} joe mit ausgefallenem i, ähnlich wie plaes = plaies MO. I. 37_{10}. Die Entwicklung zu ui, wie sie Lyoner Yzopet zeigt, findet sich nur selten. MO. uis 77_5. Cart. I. muys = mǫdius 407_{28} uylo 420_7 cuir 421_9. Die Mittelstufe zu ui, nämlich den Diphthong uei haben wir in Carc. mucys 7_{36}. MO. cueir 52_{11} und Cart. I. puey = podium 421_5. Einmal erscheint auch der ältere Triphthong uoi in MO. 77_3 uoy = hodie. Statt uęi finden wir auch Formen mit uę, wo also uęi sich zu uę monophthongirte, win ai zu a und ei zu e. cf. pues MO. 37_{22} cuer 52_6.

Die gleichfalls dem Lyon. Yzopet bekannte Entwick-von ǫ + i zu u zeigt. Alix. hulo = ǫleum 15_5. Von ǫculus kommen die Formen huel. MO. 52_2 u. ö. heuz 61_9 und iiouz 39_8 vor.

ǫ + N.

bleibt on. n scheint hier frühzeitig ǫ geschlossen gemacht zu haben. Dafür spricht die häufige Schreibung mit u. cf. MO. huu (homo) 61_9 62_{19}. L. d. R. buu 20_{14}. un = on 26_{11} und Cart. III. 35. — Zu bemerken ist joino Carc. 10_{16} und Cart. II. 456_{37} aus vulg. lat. jǫvenis (durch Ablaut aus juvenis entstanden). jǫuvno, jǫuno, joino. Eine ähnliche Entwicklung von ou zu oi die auch aus dem Portugiesischen bekannt ist, zeigt Ezech. oivre 25_5 ǫpera (ouvre). (Es müsste denn sein, dass oivre Schreibung für ǫęvre wäre, de oi wie oę ausgesprochen wurde).

2. ọ in geschlossener Silbe.

weicht vom gemeinfranz. durchaus nicht ab; weshalb
Beispiele zu geben überflüssig. ọ bleibt immer erhalten.
Die einzigen Ausnahmen, wo sich ou findet, sind: toust
(tost) 465_{11}. Cart. II. Dann cloustre. Cart. IV. 369_5
(claustrum). ọ + i Element gibt auch in geschlossener
Silbe nur oi. cf. Carc. 10_{46} boys MO. 53_{24} noit, conoltre
47_8. Cart. I. coyssi (coxa) 408_{24} (vergl. Pol. II. coissiam
72_{25}) und coiti (cocta) 423_{13}. Alix. bois 12_{10}. Ohne Einfluss fiel i in coz (coctus). Cart. I. 409_{24}. Zu bemerken
ist Alix. 62_{14}. bọs boscus, die provenz. Form, wo also cus
ebenso fiel, wie in fres Cart. I. 421_{27} friscus. Vereinzelt
ist die Form puers (pọrcus) Carc. 10_{29}.

VII. Betontes ọ.
1. In offener Silbe.

Scheidet man, wie bei den übrigen Vokalen ọ + J.
und ọ + N, so ergibt sich als Regel ọ wird zu ou; ganz
wie im Lyoner Yzopet. Diese Regel ist strenge durchgeführt in MO. und Cart. I. Cart. II. und L. d. R. zeigen
andre Entwicklungen. Beispiele: ọrem = our. MO. amour
39_{10} 41_7 Creatour 39_{10} honour 49_3 menour 59_{15} priour 78_{10}
s. f. Cart. I. colour 421_{15} tornoyour 421_{24} governour 420_{19}
valour 421_{25} mayour 422_{10} achetour 422_{29}. Alix. priour
11_{30}. Folgt aber auf alle diese Wörter ein flexivisches s,
d. h. wird die Silbe geschlossen, so steht nur ors. cf.
MO. amors 41_7 doucors 45_{14} savors 45_{17} doulors 60_{18} me-
liors 68_{12}. Cart. I. einzige Form dieser Art segniors 408_{36}.
Daneben ebenfalls vereinzelt piajours 408_{20}. Ohne s findet
sich or in lor 66_8 MO. und mayor Cart. I. 408_{21}.

L. d. R. hat eine eigene Form. Alle geschlossenen
ọ werden hier mit u geschrieben, auch beim Suffix ọrem,
mag s darauf folgen, oder nicht. cf. Segnur 17_1 21_{13}. Pre-

gurs 18_4 menurs 18_5 Bonamurs 23_{10} cuverturs 23_{15} ura
(hora) 21_3 25_5. Vereinzelt sind sirors 18_9 (cēratores) scrour
(sororem 19_{12}) und enflours 20_{15}. ur zeigt auch Carc. 8_7
(tenur = tenorem.

Was Cart. II. anbetrifft, so finden sich hier nur Formen mit ours. Formen ohne s kommen nur 2 vor, und
diese zeigen französisch eur. cf. li conseilleur $468_{12, 16}$ *).
Alle andren haben ours: plusours $462_{10, 22}$ neben pluseurs
456_{18} pechours 452_{24} meillours 458_{33} changeurs 462_{16} al-
lours 463_{12} pourveurs 456_{13} 466_{26} neben pourvoors 456_{25}
houres 457_4 neben hores 467_{14}.

In Cart. III. ist keine Form consequent durchgeführt.
Neben der franz. Form auf eur, findet sich amour 1_{10}
seignour 25 neben seignor 333_1 priour 60 aber auch ley-
tours 87 ailliours 90 plusurs 110. Cart. IV. zeigt flours 369_{21}.

osum gibt ous. MO. pretious 39_5 glorious 39_{18} de-
licious 40_4 espousa 50_1 espous 77_{21}. Cart. I. inclouses
(inclūsas) 419_5 peloux 421_{22}. Cart. III. mervillous 130.
Vereinzelt kommen auch Formen mit os vor. L. d. R. zeigt
nur U: epusa 26_5 epus 26_{10}.

$$o + i.$$

gibt oi. cf. MO. voys = vōcem. Cart. I. chanoyno 408_{11}
etc. ui zeigen Cart. I. buyro 419_{27} (butirum) nuis (nucem)
420_7. Ohne Einfluss blieb i bei cŭpreum. Carc. couvro
10_9 cuvro 6_8 covro 6_{40}. Cart. I. couro 406_5 und couvro
420_{37}.

$$o + n. - bleibt.$$ MO. persones 40_{18} Nostrón 39_{19}
41_{13} (nostrŭm, weil als Fremdwort betont). Cart. I. pey-

---

*) Cart. II. kennt noch andre Formen von diesem Wort: con-
seillors 466_{20} conoeliur 462_{10} conseillours 462_{18}. Daneben mit andrem
Suffix: conseillers 450_5.

3

son 406$_7$ mouton 406$_{29}$ persona 419$_2$ etc. un findet sich
MO. in vostrun 60$_{12}$ nun (nomum) 57$_5$ dunt (donct 48$_{13}$)
Cart. II. nuns 459$_{20}$ vereinzelt neben der gewöhnlichen Form
nons. L. d. R. kennt natürlich keine andre Schreibung,
als un. cf. clerguns 18$_3$ perdunt 17$_4$ Aparisium 21$_{10}$ quar-
terun 24$_8$ charetun 26$_{20}$ fasun (factiónem) 30$_{11}$ peisun 27$_{19}$
Chalun 28$_{14}$ einzige Ausnahme Nostron. 21$_{23}$. Als vereinzelte Formen sind anzuführen MO. 56$_{19}$ suretot. Cart. I.
sure = super. L. d. R. Dena 22$_2$ neben dona 20$_2$ und dem
gemeinromanischen dama 21$_8$. Zum Schlusse ist noch die
Form sclouz anzuführen, die auf einen Typus soluculus,
statt soliculus zurückgeht MO. 43$_{18}$ 58$_{13}$ u. öfter. Oder
sollte es die Form des Ostens soloil + s sein?

Betrachtet man die verschiedene Schreibung o͜, ou
und u, so ist es schwer festzustellen, ob und wann ou = o͜
oder = u ist; zumal da sich bei einigen Wörtern alle drei
Schreibungen finden. Sicheres lässt sich aus diesen Toxten
selbst nicht entscheiden.

2. o͜ in geschlossener Silbe.

Die gewöhnliche Entwicklung ist Bleiben des o͜. Nur
in sehr seltenen Fällen findet sich die neufranz. Steigerung
zu u (ou). MO. toz jor 37$_{28}$ gota 47$_{16}$ roge 39$_1$. Cart. 1.
ros (russus) 406$_8$ jos (jorns) 407$_{21}$ bora (neufranz. bourre)
408$_{27}$ tota 420$_{25}$ popres (pourpre 421$_1$ dessoz 422$_{31}$. L. d. R.
borses 20$_{12}$. Cart. II. boro 466$_{21}$ cort 456$_{17}$ jorn 462$_{26}$.
Cart. III. roge 141$_1$ borc 166 bolle 110. Cart. IV. roge
369$_{18}$ copes (cuppas) 370$_{17}$. ou zeigt MO. nur einmal jour
77$_8$. Cart. I. mehreremale jour, touz 419$_8$ jour 456$_{35}$ cour
457$_{31}$ fourme 459$_{21}$ u. Cart. III. 61. Alix. tour 12$_{18}$ jour
13$_7$. L. d. R. hat u in ules = ollas 24$_6$. Zu bemerken ist
die Form aulles 10$_{25}$ neben oulles 6$_8$ in Carc.

ǫ + i + Cons.

= ǫi + Cons. troytes (tructas) Cart. I. 420_{25} coloigni
nach Du Cange aus Umstellung entstanden von conucula 422_1.
Cart. II. enjoignant 457_0. In allen Texten findet sich der
dem Provenzalisch. und Französisch. gemeinsame Umlaut
von ǫ + i zu u in tuit (provz. tuch).

ǫ + n + Cons.

erscheint oft als un + Cons., wie im Waldensischen,
wo Formen, wie umbra und unda vorkommen. MO. 39_6
mundo, prevundia 69_{24} (profundia) cussi 71_{13}. = comme si.
MO. II. confundre 81_6. L. d. R. cunchi = concha 24_5 un-
cles 26_1.

ǫ + l + Cons.

= ou. MO. 36_{11} mout, douz 36_{17} 39_9 outra 41_8. Cart. I.
outra 407_3 und contres 422_{85} (culcitras). Daneben auch
die Formen butra 408_{37} und cutri 408_{37}. Letztere Form
auch L. d. R. 23_{13} cutrers.

VIII. ǫ und ǫ vortonig.

Als Hauptregel ergibt sich: sowohl ǫ und ǫ gleich-
viel, ob sie in geschlossener oder offener Silbe stehen,
bleiben vortonig. ǫ fiel nachher mit ǫ zusammen, da alle
vortonigen o geschlossen wurden, wie gemeinfranz. Beispiele für ǫ; MO. porroi 36_{19} trovavet 39_2 Cart. I. mǫlin
419_6. Cart. II. Johan 456_{22} u. ö. poveir 457_{31}. Ausnahmen,
dass sich ou statt ǫ findet sind selten. MO. kennt kein
Beispiel. Cart. I. ouvrar '420_{25}. Cart. IV. trouva 371_{11}. —
ǫ bleibt coreyt 52_7 MO. Cart. I. froment 408_{19} florin 419_{22}
sochon 420_7 colour 421_{15} adobas 421_{19}. ou zeigt soulament MO. 39_4. Cart. II. schwankt zwischen ou und ǫ cf.
acoustuma 456_{20} neben acostuma 462_{12} conduriers 467_1
neben codurers 456_{28} gouvernement 459_6 neben governa
456_{33}. Cart. III. zeigt nur ou epousailles 21 tioulers (tegu-

larios) 204 u. s. f. einmal corricr 30. Zu bemerken ist
pourtar und apourtar 13₄ Alix.

ǫ und ọ + l geben natürlich, wie gemeinfranz. ou.
MO. vousist $61_{6,7}$ voudroy 57_3. Cart. I. moutonines 406_8
poutrex (pulletrellus) 407_1. Cart. III. avouture 62 sepouture 21. Daneben gibt es manche Formen, wo, wie bei
vortonigem a + l, l gefallen ist. cf. MO. vosist 57_{14}.

Wie statt des betonten ọ oft sich u findet, besonders
in L. d. R., so gibt es auch hier einzelne Beispiele. Nur
ist dabei zu bemerken, dass u hier auch statt ursprünglichem offenen ǫ steht. Am häufigsten findet sich strenge
nach der Lautlehre dieses u vor Lippenlauten. cf. MO.
uvrir 40_{56} suffrit 73_{17} ublia 64_{15} cuvertour 69_{18} cuvers 69_{19}
hubliavet 71_2. L. d. R. cuverturs 23_{15}. Cart. III. suffreit
87. Hiermit vergleiche man die Formen in Ezechiel:
uvrir 5_{30} und uverz 52_{20}. — vor m. — MO. cumunier 65_2 neben
comunier 65_4. Cart. I. cumin (cŭminus) 406_8. L. d. R.
cumunal 28_{16}. Aber nicht nur vor Lippenlauten, auch vor
l findet sich u. Cart. II. sulamen 465_{26}. L. d. R. mulier
19_5. Ferner findet man u im Hiatus. MO. huy (auditum)
$36_{4,5}$ pueyr (potēre) 53_{18} puit 73_3 (potitum). Cart. I. corduan 406_5. L. d. R. Juhannins 22_1 Juhanes 22_2 Nua (Noel)
28_7 Pol. I. Juhaneta 210_9. Cart. IV. tuailles 369_{10}. ·Vereinzelt findet sich u in MO. addurmia 61_7 und adurmit
77_2. Cart. I. cuderers 462_2 (couturier). Dieselbe Form
L. d. R. 27_8. Hiermit vergleiche man waldensische Formen,
wie furbir, cumplir, funder etc. —• u entstanden aus o + l +
Cons. haben wir in MO. ducour 51_{10}. Cart. II. vudrant
462_{10}, 463_{12}. L. d. R. cusinz (culcitinum), seputura 19_1.
ferner flurin L. d. R. 22_{10} utreiet 23_6 dunet 22_9. Nach
dieser Uebersicht, eine Regel aufzustellen weshalb u steht,
ist nicht möglich. Wahrscheinlich lässt sich als Erklärung
nur annehmen, dass unser Dialekt vortoniges o noch ge-

schlossener machte, als es sonst im gemeinfranz. zu ge-
schehen pflegte?

Vortoniges ǫ und ǫ + i - Element.

$=$ oy. Cf. MO. cognoissiez 60_{13} approymavet 64_{16}
boyssons 76_1. Cart. I. ecoyreux (scuriólus) 451_5. L. d. R.
noier (nucarium) u. s. f. Durch Umlaut ǫ + i zu oi ent-
stand, wie regelmässig im Altfranz. und Provenz. cuidavet
MO. 50_{14}. Daneben kommen auch Formen mit ausgefallnem
i vor. cudyet 53_{13} cudavet 65_{13}.

Ausnahmen. e statt o findet sich MO. eguel (or-
golium) 38_7; selouz (soluculus) 48_{13} u. ö. MO. II. 86_{11}.
L. d. R. 19_{12} serour, Perenella (Petronella) 19_{14}. Jehan
Cart. II. 456_{22}, $_{28}$ terreus (torrellos) 459_{74} und terraux
468_{32}. Die Form per 36_{20} = pro ist auf Praepositionsver-
tauschung zurückzuführen.

Zwischen Haupt- und Nebenton schwächt sich o ganz
regelrecht zu e. cf. Cart. II. cogneus 458_{27}. (Daneben
findet sich cogneissuz 468_{16}); eine analogisch gebildete
Form, gleichsam cognoscutus. ferner Jaquemins 465_{24}
Jaquemet 466_{33}. Cart. III. renever = renovarius 324. Alix.
provetia (provostia) 15_9. ganz verderbt ist reconuchance
12_{29}. Abweichend vom gemeinfranz. ist, dass o vor n meist
erhalten ist, man trifft zum Beispiel niemals die Formen
nen oder ne, sondern immer nur non MO. 36_{11} 38_{13}. ferner
stets on, einmal hat. Cart. II. en in l'en fait 468_{16}.
Cart. III. auch an 8, wie in Champagne und Fr. Comté.
ferner findet man nicht das gemeinfranz. dangier sondern
nur dongier (dominiarium). Hiernach wäre dann denenz
MO. 50_8 in dem Ausdrucke suins denenz eine Ausnahme;
man vergleiche damit Ezech. dener 12_{39} 23_6. Für Hiatus
o ist noch besonders zu bemerken rionda MO. 62_{21}, wo
zuerst o durch Dissimulation zu e, und dieses dann zu i
wurde. Vortoniges o fiel in pont (poont) MO. 41_{16} man
vergleiche pons (poons) Ezechiel 5_{27}.

Nachtoniges o.

= klass. Latein u, hat sich, wie gemeinfranz. erhalten, wenn es von einem Vokale gestützt wurde. cf. Cart. I. Ereneu 406_{14} jueus 407_{16}. L. d. R. Bertolomeu, Andreu. Auch in Deus ist es in allen Texten erhalten. Nur in L. d. R. ist u einmal gefallen. cf. Des 26_2.

IX. J.

Ueber langes J ist im allgemeinen nichts zu bemerken. Wie im Gemeinfranz. bleibt es betont und unbetont in seiner Qualität gewahrt. Zu bemerken ist nur, dass l nach langem i nicht ausfällt, wie sonst im Französischen, so dass dann der Diphthong iu entsteht. MO. fius 37_{18} 39_{17} ebenso L. d. R. fiuz 21_{12} 25_{15} auch vortonig. MO. viutimances 38_{20} und viutaz. Zu bemerken ist cunicus - (cunīculus) L. d. R. 23_{15} wo ie statt i steht. Durch Dissimulation wurde ī zu e in fenis MO. 41_{20} dann defenit L. d. R. 21_{12} und Phelippe Cart. III. $_{40}$. Ferner finden wir e statt i ganz, wie im übrigen Franz. in premier 58_1 neben primyer 41_{19} 68_{16}. Cart. II. premeri 464_{12} neben primeriment. Zu bemerken ist, dass Flechtner S. 48 deita MO. 37_{20} von dīvitatem ableitet; das doch streng nach der Lautlehre nur dītié hätte geben können. deita ist nichts andres, als dass lateinische deitas.

X. U.

Langes u bleibt überall, wie gemeinfranz. Spezielle Eigenthümlichkeit des Dialekts ist, dass die Endung ūnum, so häufig, als ou erscheint. Liegt hier Ablaut durch n vor? Warum zeigt sich dann diese ablautende Wirkung des n nur in dieser Endung? Beispiel: MO. alcon 40_{13} on = unus 62_{14}. Cart. I. alon (alumen) 406_8 chacons 406_{27}. Cart. II. alcon 463_{16} 464_{26} und common 464_{31} ebenso Cart. III. $_{202}$. Den Städtenamen Lyon haben in dieser Form Cart. I. 419_{11}. Cart. II. 462_9 und Cart. III. 1_2. Daneben findet sich auch Lian. Cart. I. 406_1 und Cart. II. $456_{17, 19}$. Ein folgendes feminines a scheint den Ablaut aufzuhaben, da sich niemals on bei Femininis findet. cf. alcuna MO. 36_5 chacuna 406_{23} ui statt u, wie Ezech. und Lyon. Yzop. zeigen pluis MO. 47_{12} pluysors 68_{14}. u + i-Element = ui. cf. fluyvo (fluvius) 421_4 und Cart. III. $_{35}$ injuyres. Ablaut von ū zu ü wie franz. und ital. zeigt noses (nuptias). L. d. R. 26_{14}. wahrscheinlich durch Einfluss der Lalialis. Auf ähnlichen labialen Ablaut, scheinen folgende Beispiele hinzudeuten. molz Cart. I. 407_1 (mula 407_1) boches 420_{18} (neufranz. bûche) und Cart. II. 465_5 mours (mūrus). Was vortoniges u anbetrifft, so bleibt dies gerade, wie das betonte. Zu bemerken wäre höchstens MO. 75_{11} ruysseuz (*ruvicellum) und Bruisella L. d. R. 27_5. Dann cuderer (couturier) L. d. R. und Cart. II. 462_{22}, wo ū zwischen Haupt- und Nebenton zu e geschwächt wurde.

XI. Au.

au wird zu offenem ǫ, wie gemeinfranzösisch. MO. or 37_2 povre 38_{11} po (paucum) 40_{16} etc. Daneben findet sich in Lehnwörtern au erhalten. Cart. I. frauda 422_{11} causa 423_{10}. Man findet aber statt ǫ manchmal auch ǫu nach Art der Franche Comté. cf. Lyon. Yzopet., der die Neigung hat, jedes offene ǫ betont, der unbetont, geschlossen zu machen; wie dies die Formen cucour, respous etc. beweisen. So hat Cart. I. chouses 423_7. Cart. II. pouvres 457_{33}. Cart. III. clourre 20_1 (claudere).

XII. Der Stützvokal.

Eine der Haupteigenthümlichkeiten unseres Dialektes besteht darin, dass der dumpfe Stützvokal, nicht wie im franz. durch e sondern durch o bezeichnet wird, wie jetzt auch noch in einzelnen provenzal. Patois geschieht. Beispiele sind die Suffixe aro (airo) und ajo s. oben. Am häufigsten finden wir dies o dann ferner bei Substantivis

der II. lateinischen Deklination auf us und um. cf.
Carc.: Piero 5_5 pcyvro 6_9 enchastro 7_{84} cerclo 8_5 anos
10_{24} (asinus). MO. exemplo 36_{16} livros 36_{21} seglo 39_{10}
autro 46_{15} moyno 73_6 cte. Cart. I. anos 406_8 novos 406_8
peyvro 406_8 chenevo 407_8 Pero 408_{11} festro (festrum Gie-
bel) 408_{21}. ruello (rotulus) 409_6 veyro (vitrum) 421_{24} metro (maistre) 420_{27} giroflos 422_{11} sucro 422_{11}. L. d. R. Jaquemo, Guillermo, favro 24_5. Cart. II. pueblos 462_{11} me-
stros 462_{14} u. s. f. Dann finden wir dieses o auch bei
Substantivis der III. und Adverbien. MO. ordenos 73_6
Cart. I. ensamblo 457_8 profitablo 457_7 convignablo 459_5
povro 464_{28}. L. d. R. Setenbro 17_2 Novenbro 22_7 Desenbro 26_1 vendro 21_8 sando 29_{10} (samedi) povrors (pauperes)
19_9 qualiso (calicem) 16_8 Alix. ensamblo 68_5. Wahrscheinlich durch Einfluss der lateinischen Orthographie findet
man Stütz e bei den Verbis der III. Conjugation, wo niemals sich ein o findet. Ferner zeigen e in allen Texten
die Wörter pare, mare, home, frare. Zwischen l und o
schwanken autre MO. 41_{20} s. oben autro; meitre 46_{21} s.
oben metro. Cart. I. arcevesque 408_{30} neben arcevesquo
408_6 u. s. f. Entsprechend dem nobli des Alexanderfrag-
mentes finden wir i in MO. nostri 39_{21} und vostri 60_{15}.
MO. II. 83_{19} autri in tuit li autri 46_8. Man vergleiche
damit, die Pluralendung auf i bei waldensischen Prono-
minibus, wie zum Beispiel aquisti, aquilli, tanti und quanti
u. s. f. Ohne Stütz e ist derrier 58_{18} MO. und derrer
Cart. III. $_{120}$.

XIII. Schlussbemerkungen zum Vocalismus.

Auffallend ist, dass entgegen den gemeinfranz. Ac-
centgesetzen die Endung ium so selten in unserm Dialekt
gefallen ist (abgesehen von Suffix arium). Nach Sibi-
lanten blieb io; sonst nur o. Beispiele für io: MO. espa-
cio 67_2 68_{15}. Cart. I. gagio 423_1. Cart. II. prejudicio 457_{12}
459_{22}. Cart. II. findet sich sogar ious statt io. in contious

464_{19} und negotious 463_8 cf. contio 458_{15} und negocio 457_4. Dass hier io blieb, ist auffallend, weil, analog der Entwicklung von ia i°i man io i°i erwarten würde. Dieses zeigen auch wirklich Alix. espazi 15_8 und orgi 16_{12} = hordeum. Beispiele für o: MO. contrayro, fluyvo 42_4 Antoyno 68_{21} cymityero 73_{11}. Cart. I. oylo 406_{15}. L. d. R. Pipoio 19_4 ff. Damit vergleiche man das so häufige Vorkommen von Proparoxytonis, wodurch sich unser Dialekt mehr dem Provenzalischen und dem Italienischen nähert, als dem Französischen. So finden sich Wörter, wo beide nachtonigen Silben erhalten sind. cf. MO. angelos 44_3 (neben angels 41_8 und anges 41_2) virgina 49_2 laygremes 50_{15} ymagena 64_5 ordenos 73_5 amaritudina 41_9. Cart. I. amandoles 408_{35} cheneva 420_7 Geneva 420_{16} tioles 423_{14}. L. d. R. Jaquemo m. Male. Daneben kommen auch Proparoxytone mit Abfall der letzten Silbe vor nach provenzalischer Art. cf. die schon oben S. 30 genannten ordens, homenz, termen.

Zum Schlusse des Vokalismus wäre es am Platze, noch einige allgemeine Erscheinungen zu berühren. Beispiele von Aphaerese sind ausser den bekannten lay und lour in MO. leytuares 45_{16} (electuarium) vreyt = uvreyt 69_{15} L. d. R. Pipoio 19_4 (Epipodius). Cart. I. ris = oryza. Flechtner leitet irrthümlich S. 6 i aus Aphaerese von ibi ab; er übersieht dabei, dass die ältesten Denkmäler iv zeigen (also íbĭ, ĭv das ĭ wird durch Einfluss des nachtonigen i zu i; heute y). Apocope kommt nur in den aus dem Gemeinfranz. bekannten Beispielen vor; zum Beispiel L. d. R. glas (classicum) und pers (persicum) 20_4. — Eine besondere Erscheinung unseres Dialektes ist, dass die Namen der Wochentage nicht mit der Zusammensetzung mit di erscheinen zum Beispiel luns (lundi L. d. R. 21_4) Mercro (Mercredi). Veindro 77_1 L. d. R. 21_8 etc. Sando L. d. R. 29_{10} = Samedi. Pol. I. ebenfalls mercro 209_{11}.

B. Consonantismus.

I. L.

Ueber das Schwanken zwischen l und u ist bei den einzelnen Vokalen schon gehandelt worden, es bleibt also nur noch übrig die vom Gemeinfranz. abweichenden Fälle aufzuführen. Der Aussprache gemäss findet sich statt ll oft l: vila. Cart. I. 406_{17} anguiles $406_{17, 19}$ u. s. f. Vor s fällt l sehr gerne cf. MO. 47_{11} porcez (porcellus) quas (quales) 61_6 corporaz (corporalis) 62_4 vyeiz (vetulus). Cart. I. 106_4. vereinzelt auch nach i, während doch Formen wie liuz, viutaz s. S. 38. gewöhnlicher sind; MO. sustiz 45_6 (subtilis) humis 50_7 (humilis). Von gemeinfranz. Ausfall des l zeigt MO. anges 41_2, dates (dactylos) Cart. I. 108_{37}. Dem Dialekt eigenthümlich ist quequepart MO. 44_{23}. Po. = Paulum 67_{25} und Nua (Noel). L. d. R. 28_{17}. — Sehr häufig ist Wandel zwischen l und r. im Inlaut: Carc. 10_8 sarvagina (salvagina) MO. parmes (palmes) 52_6 arbaresta 75_{21}. Cart. I. arbergons = halsberc + iónem; Guillermes 409_6. L. d. R. Guillermán 19_4. Alix. 16_{26} armornes (almornes). ferner im Auslaut: L. d. R. 27_{12} sendar = cendal, menetrier = ministerialis (wo man wohl Suffixvertauschung annehmen könnte). Alix. 11_{89} soleirx = soleils. Von dem gemeinfranz. Uebergange des l zu r nach t, finden wir als Beispiel chapitre Cart III. $_{25}$ und entsprechend dem altfranz. esclandre (scandalum) findet man amandri (amándoles). Cart. I. 122_{15}. — Zu bemerken n statt l in der auch sonst im altfranz. vorkommenden Form cen = cel MO. 40_{16} 45_5. — Was das mouillirte $\bar{l}$ anbetrifft, so findet sich keine einheitliche Schreibung, man trifft lli, ill, il, li, illi und ili, sogar einfaches l; und zweimal lh nämlich MO. II. falhoit 82_{24} wie provenzalisch und alhours Cart. II. 467_{17}. Beispiel: lli MO. ballieront 58_5. Cart. II. balliage 462_7 neben baylliage 456_{16}. Von meliórem findet man meilleur, meilliours 464_{35} und meleur 465_{23} u. s. f.

II. R.

Entsprechend dem einfachen l statt ll, findet man häufig r statt rr aus dr und tr. Cf. pera (petra) MO. Pero, Piero (Petrus) u. s. f. Alix. teras 12_{14} terals 12_{15}. r in l verwandelt zeigen L. d. R. 20_2 Quatelina (Catharina) und albergeours Cart. II. 467_1. R fiel in MO. 38_7 eguel = orgolium und in monsu, monse, mosse die so häufig vorkommenden Formen für monsieur; ferner in L. d. R. Quamelin 18_7 (Carmelini) abergyajo 27_{10}; cf. abergeours Cart. II. 162_{23} (aus urspr. albergeours, herbergeours); dann Cart. I. 421_1 popres (pourpres) und popelines. Man vergleiche damit popre (propre aus porpre) im Lyon. Yzopet. Alix. 16_1 mecredi (mercredi). Gemeinfrz. ist panre Alix. 12_{14} (prendre). rn fiel in jos (jorns) Cart. I. 407_{22}; und L. d. R. 17_4. statt tort findet sich tost Cart. II. 458_{27}. — Ueber den Ausfall des r beim Infinitiv s. S. 58.

Das Gegenteil, das Vorkommen eines unorganischen r ist eine Haupteigenthümlichkeit des Lyoner Dialekts. Bekannt ist aus Lyon. Yzopet, dass ein in einer Silbe vorkommendes r, gleichfalls ein r in der benachbarten Silbe erzeugt, so finden wir ähnlich hier: Cart. I. trenpla 408_{27} (tempora). L. d. R. povrors 19_9 ferrers = ferrés 30_{10} aprers 23_9 = après, cutrers = cúlcitras 23_3 perdrirs 26_{16} Avrirl 29_2.

Zu erwähnen wäre noch Alix. armornes (aus ursprüngl. almosnes, wo also s zu r wurde. Ein l scheint ebenfalls r in der benachbarten Silbe zu entwickeln. Dafür sprechen: trabla MO. $67_{14, 15}$ trableta 77_{25} novelarment 90_{24} (oder soll man novellaris + mente annehmen). Cart. I. estrablissent 469_8. Alix. droble 12_{30} trabla 16_{23}.

III. M.

Hier ist nur zu bemerken, dass im Schriftbild m vor Consonanten stets zu n wird, was darauf schliessen lässt, dass der Nasalirungsprozess schon vor sich ging; cf. MO. colunba 92_1 remembranci. Cart. I. nonbras 407_{30}. L. d. R.

Setenbro 17_2 Novenbro 22_7 conpares 25_5. Cart. II. non-
mar 456_{21} conmis 456_{34} und conme 457_9. Verdoppelung
von m zeigt Romme (Rome) Cart. III$_{12}$.

IV. N.

Gemeinfrz. ist der Ausfall des n vor s in: mesures,
pais, maison u. s. f.. dialektisch dagegen, nach provenzalischer Art in Alix. chami 10_{15} u. ö. moly (molin) 11_8 mati
(matin) 11_{26}; ferner in sciti (seinti) MO. 49_1 deytes (deyn-
tes). Cart. I. 408_{26} vitein 419_{23} (vintein), falls kein Fehler
in der Abschrift vorliegt, da alle diese Formen auch mit
n vorkommen. Dazu noch Cart. II. 469_5 etendement (en-
tendement). Unorganisches n findet sich ausser dem bekannten ensi ainsi in MO. man ques 40_6 = ma que, mendis
= medi (midi) 67_2 inqui 41_1 = iqui. Cart. I. ginginbraz vor
$\zeta\iota\gamma\gamma\dot{\iota}\beta\epsilon\varrho o\varsigma$ neben gingibri 422_{11} Nesenz = Nicetius 29_{11}
m statt n findet sich in der Praeposition en, wenn die-
selbe vor Lippenlauten steht. MO. em bon point 51_{22} em
veyllanz 52_{20} em pures 59_{14}; ferner setzte man oft m aus
falscher Analogie. Da viele Wörter auf m im Auslaute n
zeigten, so schrieb man umgekehrt m statt n in MO. leemz
= le enz (lai enz). L. d. R. paim 27_{14} (panem). Cart. II. bo
namem 413_{16}. Dem Dialekt eigenthümlich ist die Verdopp-
lung des n im Inlaut. Cart. I. basannes 420_{40} lanna 421_{13}
Cart. II. uuniversita 456_{19} campanna 456_{20}, 462_{11} pleinna
457_3 bonnament 457_{18} ordennan 462_6 semanners 464_6
Cart. III. Rhonne 21 unnes 333. — Mouillirtes n wird geschrieben: gn, ign, in und sehr häufig nn. MO. denni
(dignatus) 65_{10} ensenniment (enseignement) 65_{16} u. s. f. In
Alix. findet sich auch provenz. Schreibung nh. vighnes 11_2
vinhons 12_{25} sonhier 16_9.

V. D.

Vom Gemeinfrz. abweichendes findet sich wenig.
intervokal fällt. d im Auslaut wird zu t ganz regelmässig

Daneben finden sich auch Formen mit ausgefallenem d; cf. MO. regar 40_6. Auffallend ist die Entwicklung von sēdium zu siecho MO. 65_5, $_{24}$ oder secho 66_5. Flechtner spricht in seiner Dissertation, S. 69, von einem Uebergange von intervokalem d zu s. Dies ist zuzugeben für visit MO. 68_{22} sorisanz 57_5. Jedenfalls ist oserit 53_2 und osat 59_{18} 65_2 zu verwerfen, da oser nicht von *audare, sondern ausum + arc kommt.

VI. T.

Als besonders merkwürdig ist zu verzeichnen, dass gedecktes t im Inlaut zuweilen zu d wird (cf. L. Yzop. pidance 2214 u. pidé, auch garandir Aiol. 7778). MO. pida 71_{15} und pidie 58_{17} sanda (sanitatem) 56_8. Cart. II. findet sich das Gegenteil; statt gedecktem d ein falsches t: sentical 465_{16} 469_1 = sindical 459_{13}. t im Auslaut fällt häufig nach n, ganz wie im Provenzalischen. cf. MO. tan 38_2 50_{11} secon 93_9 haportaron 92_7. Cart. I. vin (venit) 407_{11}. L. d. R. Loren 19_2 san 17_2 avan 21_4 furon 26_{10}. Cart. II. remanen 464_{22} presen 465_{10} consentimen 462_{14}; besonders findet es sich oft bei Adverbien leyalmen 463_{15} especialmen 463_{36} u. s. f. und der 3. p. pl. praes. ordennan 462_{16}. Alix. tochon 11_7; vergleiche ferner noch Alix. fromen 15_8 commen 11_{44} don (dont) vin 11_{87} u. s. f. In conscinto 465_{24} fiel neben dem t noch das n aus. Ferner fiel t auch aus wie im Provenzalischen, bei „est", das in Alix. immer als es 10_{33} oder ez 10_{31} ff. erscheint. Bei diesem häufigen Ausfall von t kann es nicht auffallen, dass es sich auch öfter durch falsche Analogie angehängt findet. Am häufigsten findet sich dies wie gemeinfrz. nach n. Beisp. MO. sent = sensus 69_4 homent 76_9 engint 53_{18} negunt 53_2 rent (rien) 45_{23}, 90_{11}. Cart. I. plont (plumbus) 420_{31}. L. d. R. Nostront 23_{12}, 26_2 etaint (stannum) 24_8. Cart. III. sant (sanus) 459_{17} sogar santz 465_{19}. Vereinzelt fiel t noch in MO. par 43_5 (part). Cart. I. tou (tout) 422_{12}. Cart. II. ay = ait 459_{14}, 469_2

drey (droit) 457_{33}. Unorganisches t findet sich vereinzelt in Cart. I. 406_{21} fort (fors) out = où Cart. II. 457_7 jort 467_5 = jour. Ueber die Verbindung t + j und das Suffix itia siehe Seite 26. Bei t + s findet man oft statt des zu erwartenden z, s. cf. MO. aves (habetis) 36_5 vales (valetis) 36_7. Cart. I. salas 406_7 ovras 407_{11} u. s. f.

VIII. S.

S. ist schon frühzeitig verstummt. Dafür sprechen folgende Beispiele: MO. Crit. 36_{17} neben Crist. 38_{21}. ceta 39_{24} ajotar 37_{20} cotes 40_{20} memo 46_{11} boyta (buxida) 55_6 oti (hostia) 65_{24} teta (testa) 59_4 e = est 78_8 etc. Cart. I. u. II. zeigen noch zuweilen s. In L. d. R. sind fast alle s stumm. Jut = Just 17_2, $_5$ et = est 17_2 29_3 Agutins (Augustini) Sabatin 18_8 (Sebastianus) Ot (Augustus) 20_2. Unorganisches s ist daher wegen dieses Verstummens, in der Schrift gar nicht selten. Cart. I. esga (aqua) (406_{12}. MO. espitola 68_1 austra $72_{1, 2}$ sustiz 45_6. Cart. II. sustenir 464_{20} susvenuz 468_{20}. — Auch im Auslaut fehlt s häufig: MO. defor 36_{21} sen (sens) 45_7 ver 54_8 66_{17} (versus) al = als 59_1 tra 60_{11} tras, dey = dès 70_4. ferner in der I. p. pl. entendin 50_{22} 55_{14} trovein 62_6 avein 69_{20}. Dieser Ausfall tritt natürlich nur dann ein, wenn das folgende Wort mit einem Consonanten beginnt. Ganz wie im Gemeinfranz. findet man nach $\bar{\text{l}}$, ut, n, statt s ein z, cf. vyeiz, chavauz, ceuz etc.; und so findet man auch häufig fälschlich z angehängt besonders an t. cf. serantz = seront 464_{26} singulalmentz 463_{10} comencetz (il commence) 462_{20} troveratz 464_{22} porratz 465_{20}, vereinzelt ist ebenfalls in Cart. II. santz (sanus) 465_{19}. — Wie im ganzen Osten, cf. Ezechiel, wird scharfes s oft mit c bezeichnet cf. MO. fouceta 38_5 ebenso im Anlaut ci = si 39_8 ce = se 42_9. concienci 38_4 mecle Cart. I. 419_4 (misculatus). Als s erscheint es in desendre MO. 37_{19}. Cart. I. peison 406_7 peisun L. d. R. 27_{20}.

Weiches s wird dagegen durch z ausgedrückt, besonders intervokales s. cf. MO. gloriouza 43_{14} dizeyt 78_{10}. Cart. I. bazanes 406_5 chozes 419_1 422_{12}. L. d. L. chemizes 19_{11} plaizir 21_{13} simaizi 24_{10} epuza 26_5 mezur 28_{18}. Alix. mezura 65_2. Irrthümlich findet sich die Schreibung sc statt einfaches s. Cart. II. conscentimen 464_{21} conscinto (-consintont) 465_{24}.

VIII. C.
1. C = K.

hat dieselbe Entwicklung, wie gemeinfranz. Vor a wird es zu ch. cf. Chalendes, chavon etc. s. S. 21. k konnte natürlich nicht zu ch werden, wenn vor dem a noch ein u stand. zum Beispiel in Wörtern wie carrel (quadrellus) u. carreuz MO. 53_7, die also mit Unrecht von Flechtner S. 66 als Lehnworte bezeichnet und in gleicher Linie mit carta gestellt werden. L. d. R. schreibt in allen Fällen, wo c seinen k-Laut beibehielt qu. cf. Quamelin 18_7 qualiso (calix) 19_3 Quatelina 20_2 quareima 21_3 quomarc 22_{13} quarlata 27_4 einmal auch Katelina umgekehrt findet sich MO. 66_1 c statt qu in cal = qual. — c intervokal fällt, wie im Gemeinfranzösischen; ausgenommen sind die Fälle, wo ein dem k-Laut verwandter Vokal (u) die Gutturalis hielt. MO. 37_{23} perseguz, neguns 44_{20} segout 69_{12} egua 74_{15}. Cart. III. enseganz 1_6. C im Auslaut fiel in po (paucum) ferner in san (sanguis) MO. 66_{18} flan (flaucum) MO. II. 88_4 u. s. f. Zu i wurde c in avoy MO. 42_{13}, 44_{24} und L. R. 29_{14} u. ö.

2. c Sibilans ç.

In MO. findet sich ç stets mit c ausgedrückt, sowohl vor e und i als auch vor a, o und u. cf. co = ço 36_7 commencavet 37_8 menconge 38_6 doucors 41_1 chancon 41_9 embracavet 51_8 percavet 52_{10} cay = ça 78_3 recu 90_8 etc. Vereinzelt findet man jedoch vor und nach i nach franz. Art s cf. MO. 36_{18} veis, luissanz, deplaisir 52_{23} voys (vocem) 55_{12}. Auch sonst findet sich s = ç gemäss der Neigung des ganzen Ostens cf. Ezechiel.: se = ecce hoc, ses = ecce illos, so hier MO. se = ço 47_1 perforsavet 38_{20} serchessant 75_{24} (ganz vereinzelt ist plachi 75_{19} = placi) ebenso Cart. I. setui 422_{17} Cart. II. desay (deça) 459_8 commensetz 463_{20} sinquanta 467_5. L. d. R. zeigt überhaupt nur s. cf. so 17_6 20_2 sirors 18_9 senda 24_{14} Desenbro 26_1 rescvit 26_9 noses 26_4 siri 26_{18} Nesenz 29_8 ronsin (roncin) 30_2. Eine eigene Schreibung hat Cart. I., nämlich cz statt ç cf. czo 406_1 iczo 406_{13} und Cart. II. 456_{33}. ebenso Cart. III. prononcza 13 corroczasent 17. ct + j oder c + j hat verschiedene Schreibung. Cart. I. hat faczon 420_1 Besenczon 422_{24}. Cart. II. adrecia 458_{30} neben addressia 464_{31}. Cart. III. zeigt accions 192. L. d. R. hat auch hier nur s. chauses 27_1 fasun 39_{11}.

IX. G.

Unter g ist nur anzuführen dass MO. nicht auf eine Form gamba zurückgeht, sondern wie das Piemontesische auf *camba cf. 75_{17} chanba. Dieselbe Form zeigt auch der Waldensische und Lyon. Yzopet chambe. Die Form Genver L. d. R. 26_4 Ianuarius ist wegen der Schreibung G = I zu bemerken. Intervokales g fiel, ohne ein i abzugeben in placs MO. 37_{10} = plagas. g wurde zu u, ausser in den bekannten soma und emerauda in Moudaleina (Magdalena) L. d. R. 25_4.

X. H.

Die Aspiration ist verstummt. Dafür sprechen die vielen Fälle, wo h ausgelassen, und wo es irrthümlich gesetzt ist. cf. MO. hcuz (oculos. 61 62) hubliavet 71 huy (auditum) 36_1. Cart. I. Hereneu (Irenaeus) 408_{25}. Cart. III. hus (usus) 468_1 etc.

XI. B.

b intervokal wird zu v, wie dies die Impf. auf avet

ievet beweisen. Gestützt blieb es in nebles Cart. I. 408$_{23}$.
b wurde zu m in Iaquemes L. d. R. 21$_7$, 29$_{13}$ Iaquemins
Cart. II. 457$_8$ u. ö. In einem Falle wurde b zu p vor t
in deptes Cart. II. (debitas).

XII. P.

Zu bemerken ist hier die Vokalisirung p zu u in
draus s. oben S. 14. Ein Irrthum von Flechtner scheint
zu sein, wenn er Seite 14 u. 64 seiner Dissertation sagt
p + s u. p + t nach Vokalen zu is und it. Er rechnet
also p zu den i-haltigen Consonanten. Auffallend ist jedoch, dass er diese These nur auf ein Wort stützt, das
schon langes i hat, nämlich auf escrit = scriptum; anstatt
zu erklären, streng nach der Lautlehre fällt p vor t. Ferner
führt er S. 14 anccys an, das von ante ipsum kommen
soll, da doch schon längst bewiesen ist, dass es von antíus
kommt. S. 64 führt er wieder escrit und ancis an, letzteres
sogar in Sperrdruck, dann ades und setzt hinzu, wohl aus
adeis; er geht also auf eine Form adipsum zurück, was
nicht möglich ist, da ad$\wp$s offenes $\wp$ hat, ebenso wie itali-
enisches adesso. Ebenso ist S. 58 Nr. 16 zu berichtigen,
wenn es heisst: „die Form sapi des Alex. fragm. erscheint
hier als sagi, also p + j + Voc. = g + Vocal." Er be-
hauptet hier etwas lautlich unmögliches. j kann nach dem
stimmlosen p selbst nur stimmlos zu ch werden; gerade
wie sapiam sache gibt, kann auch sapius nur sache geben.
Für sagi ist daher auf *sabius oder *savius zurückzu-
geben.

XIII. V. und F.

Im Auslaut fällt v nicht nur vor s, wie in b$\wp$s (b$\wp$ves)
Cart. I. 406$_{24}$ vis (vivus) 409$_2$ sondern auch alleinstehend,
anstatt, wie gemeinfranz. stimmlos, zu f, zu werden. cf. bo
Cart. I. 421$_{21}$ ferner in ney (nĭvem) (nach Cornu statt vey)
MO. 52$_{17}$ u. s. f. Interessant ist, dass vices in unserm

Dialekt immer nur mit v erscheint; also: veis in allen
Texten; nur zweimal findet sich das franz. feis Cart. II.
468$_7$, 469$_1$. MO. kennt auch einen Uebergang von intervokalem f zu v in prevonda 56$_{15}$ und prevundia 69$_{24}$ (profundia).

II. Teil.

Formenlehre.

Anstatt eine systematische Zusammenstellung der in
unsern Texten vorkommenden Formen zu geben, wird es
wohl genügen, kurz alles anzudeuten, was vom Sprachge-
brauche des Altfranz. abweicht.

I. Artikel.

MO. zeigt im Sing. Masc. Nom. li Acc. lo. Fem. Nom.
li Acc. la. im Plur. masc. li; Acc. los; Fem. nom. les,
Acc. les. Als Nominal-Sing. kennt Cart. I. 421$_{86}$ und Alix.
10$_{15}$ lo, der noch heute im Lyoner Dialekt sich findet.
Die feminine Form li kann, wie Flechtner richtig bemerkt
nur Analogie an illi und die vielen Feminina auf i sein.
Was den Genitiv anbetrifft so findet sich neben dem franz.
du Cart. I. del 406$_{14}$ u. ö.; dou 419$_3$ u. ö. Alix. zeigt nur
do 10$_{10}$ u. ö. Als Dativ findet sich neben au, vereinzelt
ou Cart. I. 420$_{10}$. Alix. hat immer ho 11$_{14}$ ho jourduy 11$_{22}$.
Ein Dat. Sing. el = al zeigt Carc. 5$_3$ und Cart. III. 339.
Was den Genetiv Plural betrifft, so hat Cart. I. del = dels
406$_{17,\,23}$ deus 407$_{23}$ douz 408$_5$. Cart. II. zeigt dieselben
Formen. Alix. hat dez 12$_{23}$. Im Dativ Plural zeigt Cart. I.
aus und ous. Daneben kennt Cart. II. noch eine Form
eus 463$_{8,\,30}$ = els; und es = els 457$_{14}$. Ebenso hat Cart. III.
els 324$_1$ und es.

II. Substantivum.

Substantivum und Adjektivum könnten hier füglich übergangen werden, da die Behandlung derselben im allgemeinen mit der gemeinfranz. übereinstimmt. Zu bemerken wäre nur, dass in Cart. I. und Cart. II. von strenger Durchführung der Deklination keine Rede ist, da Nom. s. regellos fehlt, wo es stehen soll, und umgekehrt irrthümlich oft in andren Casus gesetzt wird. L. d. R. finden sich vereinzelte Cas. obl. von Femininis der I. Decl. nach Analogie von Bertain, putain. cf. L. d. R. Tevenan 17_7 Iaquemetan 19_{12}. Guillerman 19_{13} u. s. f.

III. Zahlwort.

Auch hier ist nicht viel zu bemerken. Ausser dass sich in MO. das dem Osten bekannte Feminin. von duo findet. cf. dues 57_{18} und doues 72_{17}. Ebenso Alix. dues 11_{18} und does 11_{40}. — Vereinzelt sind noch die provenzalischen Formen vintein Cart. I. 419_5 dozeines 420_{20} neben dozena 420_1 anzuführen.

IV. Pronomen.

Beim Personal-Pronomen wechselt in MO. jo stets mit iu $56_{15, 22}$. Das Pronomen der III. p. erscheint, wie im Provenz. als el. MO. 44_{12} 57_{18} statt il. Da unsern Texten die Elision etwas ganz fremdes ist, so trifft man niemals qu'il, sondern que und il bleiben nebeneinander bestehen; des Wohlklangs wegen wurde daraus qui el. cf. MO. 57_{22} 65_{15} (im Ganzen 16 mal). — illa erscheint sehr oft als el cf. MO. 57_{13} u. s. f. Der unbetonte Dativ der III. pers. ist ly für Masc. und Fem. Der betonte Dativ der III. pers. ist luy fürs Masc. und lyey MO. 54_3 etc. fürs Feminin. Der Dativ-Plural ist lour und lor. Der Akkusativ Plur. der III. p. ist elos. Cart. I. 421_{30}. Daneben Cart. II. eaux 468_{33}. gewöhnlicher ist els. Beim pron. reflex. wäre nur auf die graphische Contraktion assi (ad se) 63_{15} und assey 41_6 hinzuweisen. — Bei dem pron. poss. ist als bemerkenswerth zu nennen das femin. si = sa L. d. R. $19_{11, 12}$ ff. ferner der analog an den Acc. gebildete Nom. Sing. mos = mon + s in mos verays Deus MO. 56_{14} mos servis 77_{18} ebenso sos in sos espiriz 61_{17}. Zu bemerken ist der Acc. plur. en sons Sayns 46_{25}. beim Pron. poss. ist ferner unter den betonten Formen zu erwähnen la sin MO. 49_9 la min 36_8. Pol. I. los sins 210_4. — Von den Demonstrativpronomina gehören hierhin die Feminina MO. citi 36_{14} cilli, illi etc. ferner der Nom. sing. ceiz Cart. I. 407_6 und czoiz 407_{27}. Als Acc. plur. findet man MO. celos 58_{12} 59_1 u. Cart. II. 456_{18} cauz MO. 61_{18} ceuz Cart. I. 407_2. Cart. III. hat cels 17 ceuls 34 ceuz 38 ceauz 86. – Bei den Relativpronom. ist der Nom. fem. sing. que = quae zu bemerken, der sich bekanntlich nur im Osten findet (cf. Bernhard, Ezechiel u. Lyon. Yzopet). MO. 40_{17} 41_4 77_8 82_{11}. Alix. 64_{37}.

V. Verbum.

1. Praesens Indicativ.

Dem Dialekt eigenthümlich ist, dass die Verba, die in der I. p. sing. vorkommen, alle o haben, und zwar nicht nur diejenigen, deren auslautende Consonantengruppen eine vokalische Stütze verlangen würden; sondern auch die andern. Denselben Zug findet man im Waldensischen. Cf. Grützmacher Jahrb. IV_{384}: wo er die Beispiele gardo, perdo, parto, periso etc. anführt. MO. desirro 36_7 connoisso 36_{11} 43_8 prenno 45_7 requiero $56_{17, 22}$ cuydo 73_{15} u. cudo 92_4 preo (preco) 77_{77}. Dasselbe findet man in der I. p. des Conj. praes. MO. vivo $56_{17, 22}$ poysso 56_{20} alyo 77_{19} remayno 78_8 und auch im imperf. escrisevo, MO. 73_4 alavo MO. II. 80_4. Dann findet es sich noch in MO. II. in der I. p. impf. Conj. balliasso 81_{22} pensaso 82_6 puisso 82_7. o findet sich natürlich nicht bei Verbis deren Stamm auf ein i ausgeht, ebensowenig, wie sich nachtoniges a nach

i erhalten hat. cf. MO. 36_{12} crey fay 90_{12}, ferner nie bei
ay (habeo). Damit hängt zusammen, dass man es nie im
Futurum und Conditionnel findet. — Was die III. pers. sing.
praes. anbetrifft, so endet dieselbe bei der a-Conjugation
stets auf et und e nach franz. Art, was um so auffälliger
ist, da in unserm Dialekt, sonst doch nachtoniges a erhalten ist. Beispiele: MO. donet 40_{13} retornet 42_7 regardet
46_{21} ordonnet 73_{12} sonet 60_{23}. In den spätern Texten ist
t gefallen. cf. Cart. I. leve 406_1 porte 406_{16} achate 407_4
trapase 407_7 u. s. f. L. d. R. rette = restat? 27_8. Nach ç
findet sich statt et, iet. cf. comenciet 43_4 u. s. f. Cart. II.
kennt aber auch hier nur e. commence 457_{17} comensetz 463_{20}.
Provenzalisches a statt e findet sich nur MO. ama 47_{11}
revela 47_{22}. Alix. appella 10_{31} und tocha 11_4 neben toche
11_{13}. auffallend appello 10_{15}. Von der III. p. sing. der
übrigen Conjugationen ist wenig zu sagen. Formen, wie
veyt, appareyt, vayt, fayt sind regelrecht. — Von der ersten
Person Pluralis findet sich bei der a-Conjugation nur trovein MO. 62_6, welches man zwar von trovamus, trovain,
trovein herleiten könnte, jedoch, wie die I. pers. pl. im Waldensischen auf èn cf. gardèn perdèn etc. zeigt, auf trovē-
mus zurückgeht. Sonstige Formen sind aveyn (habēmus)
MO. 69_{20} volons u. s. f. — Von den andren Personen des
Praesens wäre noch zu bemerken, dass atis und etis immer
nur as und es geben zum Beispiel pensas, consideras
MO. vales, aves 36_7. — Die dritte Person Pluralis zeigt
dreierlei Endungen bei der I. Conjugation. 1. Die Form
des Ostens: ont. MO. ámont 46_1 gardont 73_{13} pássont 75_9
enclinont 41_1. Cart. I. pórtont $406_{2,5}$ meinont 407_{19} pa-
sont 406_{27}. Alix. tochon 11_6 vacont 11_{43}. unt zeigt statt
ont delectunt MO. 46_{17}. 2. Die provenz. Form: ant.
Cart. II. ordennan 462_{26}. Alix. tochan 11_{34}. (Auch das
Waldensische zeigt dies Schwanken zwischen an und on).
3. Die gemeinfranz. Endung — ont — ordonnent. Cart. II.
456_{34} donnent 457_{14}. Bei den andren Conjugationen ist

ebenfalls Hauptendung ont. cf. MO. veont 47_{16} poont 40_{20} sintont 41_{13} beyvont 41_{23} fallont 42_5 segont (sequunt) 75_5. Cart. I. vinont 406_0 deyvon 407_{26}. Cart. II. volont 457_{40}. unt zeigen: MO. saliunt 40_{19} und volunt. Cart. I. 423_{12}. Bei den Verbis der II. Conj. findet man auch die Endung ent. MO. volent 44_{23} 46_2, wo Cornu stets volunt liest, der Codex also jedenfalls l't kürzt. volunt ebenso Cart. I. 421_{30}. Cart. II. povent 458_{34} puent Cart. III. 193. Vereinzelt finden sich ent in consentent 459_{22} establissent 459_{20}. Cart. III. enseguent 24. Die 3 p. pl. von habeo, facio, vado, sind in allen Texten die provenzalischen ant MO. 41_{14} 47_{14} etc. fant MO. $41_{15 20}$ etc. vant Cart. I. 406_{23} 407_2. Das franz. vont zeigt MO. 44_{23} 46_2.

2. Praesens Conjunctiv.

Neben den franz. Conjunktivformen dunt (donet) 48_3 MO. tort (tornet) 36_{12}. L. d. R. perdunt 17_4 etc. findet man auch die dem Osten eigenthümlichen betonten Conjunktivformen cf. Lyon. Yzop. wo sie als oit erscheinen, hier als eit. MO. deigneit 48_5. Cart. I. yteit = stet 423_{12} gardeit. Cart. II. 458_{10} (4 mal) tocheit 458_{28}. — Der Plural aller Conjugationen lautet auf ant, das sich auch vereinzelt im Waldens. neben dem häufigen on findet. L. d. R. und Cart. I. weisen kein Beispiel auf. MO. seiant 44_{23} faysiant 42_9. Cart. II. jurant 464_{25}. preignant 465_{12} vinant 467_5 metant 458_8 faisant 459_{10} tignant, deyvant 458_{15} puyssant 458_{17}. Cart. III. molestant 329 disiant 333, ostant 333 seyant 340. Pol. I. deyvant 210_7. Wie ist diese Endung zu erklären? Warum ist hier a geblieben? vielleicht um eine vom Indicativ verschiedene Form zu haben?

3. Imperfect. Indicativ.

Die 3 p. sing. der I. Conj. geht aus auf avet. Die regelmässige Entwicklung von abat; auffallend ist, dass auch hier wieder das nachthonige a zu e geworden ist. MO. trovavet 39_{18} coventavet 39_{20} devisavet 40_{17} etc. Daneben findet sich iavet und ievet ursprünglich nach i-haltigen Consonanten. cf. comencievet 77_9 defaylievet 66_{21} charreyevet 75_{11} erragievet 75_{20} (cf. commencavet 78_{18} und commencevet 40_8). Analog gebildet: estudiavet 39_1 estudievet 37_{17}. — Der Plural ist avont MO. gitavont 37_7 tornavont 39_6 desirravont 44_7. MO. II. enclinavont 44_7 etc. — Alle andren Imperfecta gehen im Singular auf eit aus, wahrscheinlich aus ēbat entstanden; und analogisch auch an andere Verbe, als die der zweiten Conjugation angehängt. zum Beispiel MO. aveyt 37_{11} u. ö. veneit 37_{17} teneit 60_3 aprencit 39_4 fayseyt 45_8 senteyt 51_{10} etc. eit statt avet zeigt aventeyt (aventar) 57_{10}. eit findet man auch zu et, monophthongirt in MO. traset = trayseit 41_5 volet 37_5 veet $63_{7, 9}$ avet 74_{10}. Ein Rest der IV. Conjugation ist MO. sentivet 51_5 neben sentievet 52_6 u. metivet 51_{22}. man vergl. Bernh. Ezech. — Im Plural findet man die Endung eont. cf. aveont 58_1 61_{20} voleont 74_{14} saveont 75_6. auch eant. veneant 58_{14} teneant 59_8. eiant in aveiant 44_6. Daneben kommt auch die provenzalische Imperfectendung — iant — vor. MO. estiant 41_8 puyant 41_7. aviant $58_{9, 16}$ tiniant 59_{25} rendiant 63_6 receviant 65_9 ytiant 51_{20} 63_5.

4. Imperfect. Conjunctiv.

Der Singul. der I. Conj. ist regelmässig, wie im gemeinfranz. gebildet. asset = at mit stummem s. Beispiele: MO. osat 59_{10} tirat 66_{11} donat 66_{18} u. s. f. Der Plur. geht auf assent aus cf. MO. volassant 52_5. Cart. III. correzasent 17. Daneben finden sich auch provenz. Formen: MO. 75_{24} serchessant und Cart. III. 22 administressent. Die Conjunktive der andren Conjugationen sind alle mit issem gebildet. MO. vosit 57_{14} secorit 53_{16} playsit 64_8 avit 64_{15} disit 64_{21} puit 76_{23} etc. Cart. I. transcrisit 409_4. Cart. III.

feist 61 rendist 122 avit 333. Der Plural dazu ist issant.
MO. prissant 67_{16} volissant 73_{24} fissant 74_{15} missant 74_{24}.

5. Perfectum.

Die Perfektform der a-Conj. des Lyoner Dialekts ist
die provenzalische mit der Endung et in der 3. p. sing.
Beispiele: Carc. levet 5_5. MO. menet 36_{16} intret 54_{20} pas-
set 56_8 preet 61_4. Alix. vaquet 63_9. Daneben findet sich
iet, das zuerst nur nach i-haltigen Consonanten stand,
später aber als selbstständige Endung analog andren über-
tragen wurde. MO. comenciet 51_5 reconciliet 72_{12} char-
giet 74_3 bassyet 75_6 dyguiet (dygner = dîner) 74_{11} gardiet
50_6 parliet 55_{12} pensiet 65_{18}. L. d. R. hat dunet 22_0 deli-
vret 29_5. Daneben duniet 22_{11} modiet 29_{12} (Etymologie?)
aliet 29_{14}. Cart. III. zeigt nur einmal et in mandet 333,
sonst immer das franz. a. Alix. tranchiet 11_9. — Der Plural
lautet nun dem Singular widersprechend nicht auf erent,
sondern, wie im ganzen Osten, (cf. L. Yzopet) auf aront.
MO. arriaront 58_{10} plearont 58_{23} etc. Cart. III. outroiarent
75. Cart. IV. criarent 369_{24} alarent 369_{25}. erunt zeigen
nach ç MO. 58_2 commencerunt; dann ferner entreront 58_{21}
u. ballicront 58_6. MO. II. 88_2 findet sich aventieront und
Cart. IV. 370_{10} gardeiront. — Die Perfektendung der III. u.
IV. Conjug. ist it im Singular. Regelmässig sind zum Beispiel issit MO. 41_4 sofrit 71_{24} u. s. f. Diese Endung it
wurde analog auch an Verba der II. angehängt, ganz abweichend von Gemeinfranz. cf. MO. remanit 65_4 muit 75_{22}
puit 64_7 valit 53_8 recevit 77_8. Alix. 11_{20} findet sich sogar emendit. Dann auch an Verba mit starken Perfektis.
cf. MO. disit 91_{17} neben dit 57_{12} metit 74_8 und MO. II. 86_{17}
neben mit 57_{12} faysit 71_{15} neben fit 50_{23}. creysit 51_8 und
descreysit 75_1 neben cruit 75_7. despleysit 68_9 neben plut
74_{19} venit 56_{10} und 65_{19} convenit MO. II. 81_6 neben vint
53_{19} prendit MO. II. 80_{14} neben prit 40_5. Zu erwähnen
ist noch chisi MO. II. 86_{16} (cadēre). Die Pluralendung ist

iront, regelmässig sind: MO. coriront 78_9 viront 75_4 u.s.w.
analog: metiront 57_{19} receviront 58_{22} und traysiront 59_{25}.
Cart. IV. accompaignirent 370_{16}. Die I. pers. pl. ist hier
noch ganz streng lautlich gebildet (imus = ins.) MO. en-
tendins 30_3 entendin 50_{22} 55_{14}. Vereinzelt ist zu nennen
Cart. III. 71 reteinrent.

6. Futurum.

Ueber das Schwanken in der I. p. s. S. 12; über das
Schwanken zwischen arai und erai s. vortoniges a S. 19.
Die Endung der 3. p. pl. ist regelmässig nach provenzal.
Art ant, ganz genau, wie ja auch habent im Dialekt ant
gibt; cf. Cart. I, entrerant 419_1 arant 422_{36} etc. Cart. II.
ferant 456_{16} voudrant 456_{18} ff. MO. zeigt ant nur in serant
41_{22} bevrant 41_{25} und mengirant 41_{25} sonst stets nur ent,
vielleicht, weil ant stets als Conjunktivendung gebraucht
war, und man sich scheute im Indikativ eine Conjunktivendung zu haben? cf. porrent 45_{12} arent 45_{20} u. s. f. Daneben zeigt sich in den Cart. auch ont, wahrscheinlich
durch franz. Einfluss; cf. vendront 419_{12} paieront 422_6.
Cart. II. voudront 466_{12}.

7. Conditionnel.

Die 3. pers. sing. erscheint am häufigsten, als it; dies
ist jedenfalls eine Weiterbildung der Impf.-Endung eit;
wie das Futurum auf i im Ezech. und die zwischen rey,
ray und ri schwankenden Futurformen der Schweizer-Patois
beweisen (cf. Roman. Forschung I. Bd., 3. Heft. Hoffmann:
Das Futurum auf ri). Beispiele: MO. amerit 44_{10} oserit 53_2
metrit 46_{23} 74_{23} convindrit 47_{21} recondrit 65_{18} verrit 69_{23}
etc. MO. II. serit 81_6 layssirit 90_2. L. d. R. vivrit 23_6.
Cart. II. arit 463_{23} tocherit 464_{31} 468_{17}. Pol. I. serit 201_4
troverit 210_5. Daneben die rein provenz. Form arie 467_{25}
Cart. II. Der Plural dazu ist entweder rein provenzalisch
iant oder iont und iunt; cf. MO. porriant 42_{10} 67_{12} por-

riont 44_4 und porriunt 45_4. Die 3. pers. sing. mit eit zeigen MO. porreit 47_2 amcreit 44_{16}. Cart. II. sereit 457_{16}. Cart. III. suffreit 87. oyt findet sich auch zuweilen. et monophthongirt aus eit zeigen MO. avret 78_{10} porret 72_7 72_{11} pourret 67_{25} etc.

8. Participium Praesentis.

Das Participium ist meist regelrecht auf ant gebildet; sehr oft zeigt sich statt dessen provenzalisches ent und zwar nicht nur bei Verbis der II. und III., sondern auch der a-Conjugation; cf. MO. obedissenz 38_1 poyssens 44_{24} dormenz 52_{21} fayssent 55_{11} remembrenz 72_{24} meynenz 74_{24}. Cart. I. vendent 408_{19} comprent 408_{19} enseguent 419_4 leytent 419_{22}.

9. Participium Perfecti.

Ueber das Participium Passivi ist schon S. 11 bei a in offener Silbe gehandelt worden. Als vom Gemeinfrz. abweichende Bildungen dürften noch angeführt werden: MO. cogneissuz, repayssues 41_3 und das auch sonst im Altfrz. vorkommende sentu 93_6.

10. Infinitivus.

Ueber den Infinitiv siehe S. 10 u. 12. Zu bemerken ist hier nur der häufige Ausfall des r, wie im Dialekt von Grenoble; cf. Ascoli, Arch. III. 82: MO. regarda 40_3 desirra 41_4 entra 45_7. MO. II. delivre 85_{18} = delivrer.

Zusammenfassung.

Zum Schlusse der Arbeit dürfte es sich empfehlen, in gedrängter Kürze die Haupterscheinungen zusammenzufassen, um so eine Uebersicht über den Lyoner Dialekt, über seine Eigenthümlichkeiten, und die Elemente, die er fremdem Einflusse verdankt, zu erhalten. Indem, wie in der Arbeit selbst, alles gemeinfranzösische bei Seite gelassen wird, ist es wohl angebracht, die gefundenen Resultate mit den Entwicklungen zu vergleichen, welche Ascoli als Kriterien der „franco-provenzalischen" Dialekte aufstellt. Ganz entsprechend seinen Aufstellungen findet man hier: 1. a in offener Silbe erhalten. 2. Den Infinitiv der I. Conj. auf ar, und nach i und iotacirten Consonanten als ier. 3. Die Wörter auf atum und atem machen auch im Lyoner Dialekt eine Ausnahme, indem sie auch hier nach i und i-haltigen Consonanten nicht auf e endigen, sondern mit der Endung ia erscheinen. 4. Auch hier ist nachtoniges a erhalten. 5. Ebenfalls ist auch nachtoniges a nach i und iotacirten Consonanten, durch die Mittelstufe ia i^e zu i geworden. aria erscheint als eri. Man sieht also, dass alle Resultate mit denen von Ascoli als franco-provenzalische anerkannten, genau übereinstimmen. Die dem Lyoner Dialekte mit dem Provenzalischen gemeinsamen Erscheinungen sind für die Lautlehre folgende:

a + n = an. a zwischen Haupt- und Nebenton als a erhalten — vortoniges a nach ch erhalten — vortoniges a + n + Cons = en + Cons (mengier) en + t stets ent niemals ant. Die Erhaltung einzelner Proparoxytona — der Stützvokal o, der sich noch heute in provenzalischen Patois findet. Als gemeinsame Erscheinungen in der Formenlehre wären hervorzuheben: Die vereinzelten Schreibungen mit lh und nh — Ausfall des auslautenden n — Ausfall von t nach n, besonders in der Flexion, — vereinzeltes a in der III. pers. sing. praes. der I. Conj. statt des gewöhnlichen e — die III. pers. pl. praes. = ant — ebenso III. pers. pl. impf. = iant, — dann das Perfect auf et, — die III. p. pl. Fut. auf ant, das Particip praes. auf ent — und endlich die Formen ant, fant und vant.

Mit dem Waldensischen stimmen überein: Die analogische Anfügung von nachtonigem femininen a an Wörter der III. Declin. — Ausfall des nachtonigen a in der Endung ata, — die Pluralformen antri, nostri, vostri, — die Endung

o bei der I. pers. aller Verba, — ferner die I. p. pl. praes.
trovein, entsprechend dem waldensischen gardèn, — und
das Schwanken zwischen an und on in der III. p. pl. praes.

Auf Einwirkung der östlichen Dialekte sind folgende
Bildungen zurückzuführen:

ain statt an L. Yz. und die Weiterbildung von ain
zu ein Ezech. — Der Ausfall von l sowohl in der betonten
als unbetonten Silbe, also: a + l = a, o + l = o — Aus
fall des i-Elementes a + i = a — a + n vortonig = en (me-
niere) — a + r + Cons = er + Cons (berbu) — vereinzeltes cau: ellum statt eu — offenes ǫ, betont oder unbetont, wird geschlossen — ferner die vereinzelt vorkommenden Fälle von ę + i zu ęi; ǫ + i zu ui — und ū zu ui —
das häufige Vorkommen des unorganischen r — Scharfes
s durch c bezeichnet — ç durch s bezeichnet — die Formen does fem. pl. zu duo und que femin. zu qui — die
Pluralendung ont statt ant — die betonten Conjunctivfor-
men auf eit in der I. Conj. (im Osten oit). — Zum Schluss
die III. pers. pl. perfecti auf a (aront) statt eront.

Dem Lyoner Dialekt verbleiben demnach als eigenthümlich: Die Entwicklung von arius zu er — von aticum
zu ajo — fem. plur. es neben sing. a — vortonig au = ou
ǫ in offener Silbe nicht diphthongirt — i-Element bewirkt
bei ę Diphthongirung — ę + n = in — ellum = eu — ę in
offener Silbe: ei, und nicht wie im Osten oi — ę + n = ein
statt oin wie im Osten — e + i vortonig ei, nicht oi —
c + n vortonig = in — ǫ selten in offener Silbe diphthongirt — Diphthongirung von ǫ zu uo — die Formen lua
und fua von lǫcus und fǫcus — die Schreibung u = ǫ —
vortoniges o = u vor Labialen und im Hiatus — ī + l = iu
Ablaut durch n in der Endung ūnum = on — Stützvokal o
Ausfall von di bei den Namen der Wochentage — Verdoppelung von n in der Schrift — weiches intervokales
s = z — die Conjunktivendung in III. pers. pl. = ant. —
Conditionel auf it.

Nachtrag.

Zum Schlusse soll eine Erklärung derjenigen Wörter versucht werden, die dem altfranz. Sprachsatze entweder ganz unbekannt sind, oder doch in einer völlig abweichenden Gestalt auftreten. So finden sich Cart. I. 406_{29} die Formen pusa und poysa für eine bestimmte Geldmünze. D. Cange H. kennt beide Formen. poisa leitet er von pensa ab. Es frägt sich nun, ob beide nicht ein Wort sind? In poysa wäre dann i gefallen und statt o, u eingetreten? Pol. II. kennt die Form poiesa 6_{20} 7_1 und Alix. poieza 14_8.

Revelesci. — Cart. I. 408_{25}. Dieses Wort kann nur auf Revelatio zurückgehen, das sich bei D. Cange findet. Unsere Form wäre also vom Nomin. abzuleiten nach Art von spatium = espazi s. S. 42 und der Feminine auf ⸵ tia s. S. 17 sc ist Schreibung statt ç; das e der betonten Silbe wäre dann durch Einfluss des Hiatus i zu erklären. — melli Cart. I. 407_{29} und mceli 406_3 ist ohne Zweifel medallea, eine Münze = $\frac{1}{2}$ Denar nach D. C. Dass wir es hier mit einer Münze zu thun haben, beweist die Stelle: Li chargi de chenevo III. mcelies 407_{29}. Auch der angegebene Geldwerth stimmt an allen Stellen. Unregelmässig ist nur hier, dass, während lj in allen romanischen Sprachen Position gebildet und den Vokal der betonten Silbe rein erhalten hat, sich hier e statt a findet. Jedenfalls wurde a durch Hiatus i zu ai und dann zu e. — risoles Cart. I. 408_{23}. Die Zusammenstellung mit nebles zeigt sofort, dass wir es hier mit dem aus den Fabliaux bekannten roisole „Kuchen" zu thun haben, das D. Cange auch anführt. Unter rossolia citirt er noch folgende Nebenformen: roussole und ruisole. In unserer Form ist der vortonige Diphthong vereinfacht. — maietes 420_{23}. Ohne Zweifel ist es das D. Cange'sche mailhetus = Pfahl, wo also ĭ ausgefallen wäre. — atos — $408_{16, 21}$. Dies Wort kann nach dem Zusammenhange nur eine Speise bedeuten. Die ursprüngliche Be-

deutung scheint aber haste nach Du Cange „Bratspiess"
zu sein. cf. ato. L. d. R. 24_{11} wo es diese Bedeutung
hat, und atou in „Onofrio Dictionnaire du Lyonnais" 38 =
broche à faire rotir les viandes; dann heisst es, wie Du
Cange unter Hasta, III. Bd. sagt, „das am Spiesse gebra-
tene Fleisch" und damit stimmt die Nebenform in D. C.
„astus" = lumbus porcinus. — sercz — 419_{27} ist eine Ab-
leitung von dem klass. lateinisch sĕrum = *sĕratum: die
Molken. — bizi Alix. 10_{18}: Du C. II. bissa oder bessa =
Canal, Flussbett. — chira 11_{23} scheint dasselbe Wort zu sein,
wie D. Cange Chierrat = accrvus lapidum in pago Lug-
dunensi; hier wäre dann ie in i zusammengezogen durch
Einwirkung von ch. — pia 10_{26} und 11_7 ist nichts andres
als peya eine Form die Pol. II. kennt 4_8 u. 5_1 neben peda
72_{23} es ist ein Lyoner Maass.

Zu den schwer zu erklärenden Wörtern gehört auch
die in unsern Texten so häufig vorkommende Partikel oy
und ay; die ohne Zweifel dasselbe Wort sind. Am häufigsten
erscheinen sie in der formelhaften Wendung: oy li eret
senblanz (in MO. 16 mal) 36_{22} u. ö. oy me senble 36_4.
Cart. II. ay lor senblera bon 457_5. Daneben in den Sy-
nonymen: ay li eret vyaires ay lor eret vis 75_2. Daneben findet sich nun co li eret senblanz 55_{17}. Hiernach
kann oy nur „dieses" „es" bedeuten; und es müsste also,
wie avoi von avoc, von hoc abgeleitet werden, dem stehen
nur 2 Stellen gegenüber, wo o = hoc unmittelbar neben
ay steht. cf. MO. 73_{21} ay o coventavet und 74_1 com Deus
o aveit ordona, oy se fit. Dazu kommt, dass oy gar nicht
„dieses" heissen kann in Wendungen, wie oy li venit 65_{19}
75_2 sondern nur „da"; ferner vertritt es oft die Stelle des
unbestimmten Pronomens der III. Person. cf. 45_{22} 47_{10} etc.
Nach allem diesem ist es schwer, einen Schluss auf die
richtige Etymologie zu machen. Man könnte vielleicht an
ecce provenz. eis denken. Oder sollte doch hoc das Ety-
mon sein? Dann müsste dieses freilich seine Bedeutung

sehr abgeschwächt haben nnd zur einfachen Uebergangs-
partikel herabgesunken sein.

Zum Schlusse folgt eine Liste völlig fremder Wörter.
Carc. rigos 5_{82} eine Fischart? ebenso Cart. 420_4 rigos co-
miaz. cruvachies 520_{22}. Cart. II. peures 462_{18} = pelrers =
pellararius? freinti 469_{14}. L. d. R. paitro 24_9 hängt es vielleicht zusammen mit der Form plautro. Carc. 6_6. minguo
27_1 = Diener? cf. Du Cange mango = pedisequus! sici-
cot 30_{14}? quasi friouri 24_7? und modiet = er ging? 29_{12}.

Lebenslauf.

Geboren wurde ich Albert Zacher, Sohn von Gregor Zacher und Katharina Zacher, geborene Schmitz, katholischer Confession, am 20. Februar 1861. Meinen Vater verlor ich im Jahre 1881, während meine Mutter mir noch erhalten ist. Nachdem ich die Elementarschule besucht hatte, bezog ich Herbst 1871 das Gymnasium von Bonn, wo ich hauptsächlich durch den damaligen Herrn Director Dr. Waldeyer, sowie die Herren Prof. Giesen und Dr. von Hout mannigfacher Förderung und Anregung erhielt. Nach 8½ Jahren, Ostern 1880 verliess ich das Gymnasium mit dem Zeugniss der Reife, um zur hiesigen Universität überzugehen. Die ersten zwei Semester studirte ich klass. Philologie und Geschichte, um mich dann ganz dem Studium der englischen und französischen Philologie zu widmen. Um mich im Englischen zu vervollkommnen, begab ich mich im April 1881 nach England, wo ich in Sevenoaks bei London eine Hauslehrerstelle annahm. Im October desselben Jahres kehrte ich nach Bonn zurück, wo ich bis zur Stunde das akademische Bürgerrecht geniesse. Nachdem ich den historischen Seminarien unter den Direktoren Maurenbrecher, Menzel, Ritter und Schäfer angehört hatte, nahm ich vom Wintersemester 1882/83 bis Wintersemester 1883/84 an den Uebungen des kgl. romanischen Seminars unter Leitung des Herrn Prof. Förster, als ordentliches Mitglied Theil.

Folgende Herren Professoren haben mich während meiner Studienzeit unterrichtet:

Bernays, Bischoff, Bücheler, Delius, Förster, Hertling, Klein, Leo, Maurenbrecher, Bona Meyer, Menzel, Neuhäuser, Ritter, Stürzinger, Trautmann, Usener und Wilmanns.

Ausserdem hörte ich die Lektoren Herren Aymeric, Panozzo und Piumati.

Allen genannten Herren spreche ich hiermit meinen warmen Dank aus; besonders aber meinem hochverehrten Lehrer Herrn Prof. Dr. Förster, der mich stets mit dem grössten Wohlwollen in meinen Studien unterstützte und in besonders freundlicher Weise mir in dieser Arbeit helfend und ratbend zur Seite stand.

Thesen.

1. Die Theorie Brachet's (Jahrbuch VII.), dass bei den vortonigen Silben die Quantität der Vokale das Bleiben oder den Ausfall der Silben bestimmt habe, ist wissenschaftlich unhaltbar.
2. Die vortonigen Vokale sind ebenso in Bezug auf Offenheit oder Geschlossenheit der Silben zu behandeln, wie die betonten.
3. Die Wichtigkeit des primären Hiatus einerseits und des sekundären Hiatus andrerseits bei den vortonigen Silben und ihr verschiedener Einfluss auf die Entwicklung der Wörter ist bis jetzt noch nicht genug hervorgehoben worden.
4. Das häufige — gegen die Lautregeln — Vorkommen eines Stütz E bei Adjektiven ist fast immer als Analogiebildungen des Femininum zu erklären.
5. Es frägt sich, ob die von Förster (Gröb. Zschr. III.) angenommene Vokalsenkung durch i in den meisten Fällen nicht durch Ablaut von Labialen oder eines r zu erklären ist?
6. Die Erklärung von Diez bez. der Entwicklung des Suffix icare ist anzufechten.
7. Die Etymologie galoper aus quadrupedare (H. Rönsch, Rom. Forsch. I.) ist zu verwerfen; ferner die Scheler'sche Herleitung von garmenter aus querimoniare, das vielleicht durch Umstellung aus gramenter = (gravamentare) zu erklären ist.
8. Ist die Lautlehre der romanischen Sprachen nicht nach den neugewonnenen Principien der Lautphysiologie umzuarbeiten?